水西·书系
SHUIXI SHUXI

一个人是千万人的出发点

给校长的建议

的

建议

GEI XIAOZHANG
DE JIANYI

陈茂林———

著

山西出版传媒集团 山西教育出版社

写在前面的话

1999—2001 年，《德育报》用两年时间连载了《给老师的建议》。接着，从 2001—2003 年，又用两年的时间辟出《给校长的建议》专栏。连续四年，辟出专栏，刊发一个已经退休的老教育工作者的建议，对于"寸纸寸金"的报纸来说，除了"大气"，我没有找到更恰当的词汇。虽然这种"大气"带给我的是压力，但是更多的是动力，它促使我去思考一些问题，鼓励我去倾吐一些想法。尽管这些建议还有许多不尽如人意的地方，但是总是作了理性思考，实话实说，也算补上了一个老教育工作者的心愿。因此，在《给校长的建议》结集付梓时，我要由衷地感谢《德育报》，感谢《德育报》社的同仁们，是他们的热情支持和真诚鼓励，才使《给校长的建议》从一篇一篇的短文变成了一本书。

山西教育出版社继出版《给老师的建议》后，又欣然决定出版《给校长的建议》。谁都知道，校长与老师在数量上是有很大悬殊的，如果说《给老师的建议》靠庞大的教师队伍还可以发行一些的话，那么，《给校长的建议》对的是有限的校长，卖不了怎么办？这对于在市场经济大潮里拼搏的出版社来说，理所当然是要考虑的。他们决定出版，我想还是"大气"的结果。因此，我要感谢山西教育出版社，感谢他们对教育工作的热切关注与大力支持。

2003 年 10 月，山西省中学校长协会在曲沃中学召开年会的时候，我的忘年之交王维平博士和马兆兴博士说了许多教育上的问题，时任山西省教育厅副厅长张卓玉同志作了专题报告。听了他们的话，重新审视我写给校长的建议，越发感到不满意，总觉得这些建议写得不全、不深、不高。这一想法，我曾经和《德育报》社的张国宏社长说过，他说，还可以再补充。这当然是一种鼓励，或者是一种宽慰。交代以上情况，是想说明《给校长的建议》仅仅是建议，它不过是一块砖，投出去是为了得到玉。说到这里，我又想起一个很要紧的问题：教育是发展的事业，因为社会在发展，学生在发展，没有发展的眼光，抱住一种观点和做法不放，是不能适应发展的教育工作的；教育又是需要创新的事业，因为社会在变革，学生在变化，没有创新的胆略，守着一种观点和做法裹足不前，必然被创新的时代所淘汰。所以，校长要勤学习、肯思考、敢实践，在现代教育理论的指导下审视自己的工作，在深思熟虑的基础上作出学校工作的决策，在正确决策的范围内大胆实践，沿着学习—思考—实践的路子走下去，你不仅可以得到珍贵的玉，而且会迎来学校灿烂的明天。

2001年《给老师的建议》出版时，张卓玉同志在序言《忠诚于我们的事业》里写道，百条建议的一个首要前提是忠诚于我们的事业，忠诚包含着责任感和爱心。教育是一种需要责任感和爱心的事业。没有爱心，不配做教师；仅有一般的爱心，只能做一个普通的教师；具有浓烈爱心的人，才可能成为一个优秀教师。这些话同样适合于校长。校长的责任感和事业心，集中表现在爱心上，爱学校，爱教师，爱学生，就是爱事业。有了爱心，就有了动力，就没有过不去的火焰山，就会竭尽全力做好自己的本职工作。爱心孕育好校长，爱心成就大事业，这是普遍的规律。

以上是发自内心的话，所以写在前面。

2003 年 12 月

目　录

校长要有自己的教育思想

（一）

校长的教育思想来自三个深刻理解：一是对党的
教育方针的深刻理解；二是对教育规律的深刻理解；
三是对学校实际情况的深刻理解。

在一次公开招聘中学校长的答辩会上，一位专家评委向应聘
者提了这样一个问题："有人说校长对学校工作的领导，实质上
是教育思想的领导。请谈谈你对这一观点的看法。"应聘者略加
思索以后，做了肯定的回答，并从多方面阐述了自己的看法。我
发现，那位提问题的评委给了很高的分数。

晚上，脑子里满是白天答辩的情景。但是，让我想得最多的
还是那位专家评委的提问和那位应聘者的答辩。思来想去，终于
坚定了我的看法：校长要有自己的教育思想。

校长的教育思想来自三个深刻理解。

一是对党的教育方针的深刻理解。

教育为社会主义现代化建设服务，教育与生产劳动相结合，
培养德智体美劳诸方面都得到发展的社会主义建设者和接班人。

党的教育方针应该说是非常明确的，精辟地指出了教育的方向——为社会主义现代化建设服务；培养人的途径——与生产劳动相结合；未来人才的标准——德智体美劳诸方面都得到发展的社会主义建设者和接班人。如能牢记教育方针阐述的方向、途径和标准，并以此指导自己的实践，就有了主心骨。一切开创性工作必然是紧紧围绕贯彻党的教育方针展开，学校各项工作也一定是生机勃勃。

二是对教育规律的深刻理解。

教育有教育的客观规律。遵循规律，学校便蒸蒸日上；违背规律，学校便死气沉沉。教育规律说到底是人的成长规律的反映。理解和把握教育规律，首先要理解和把握学生成长的规律。因此，校长要了解学生，研究他们身体发育的规律、认识事物的规律、品德成长的规律、心理变化的规律等。摸清了这些规律，再和老师共同决定具体的教育方案，都按规律办事，工作自然会少走弯路。

三是对学校实际情况的深刻理解。

每个学校有每个学校的实际情况，包括客观环境、师资力量、教学设施、学生基础等。如果不从学校的实际情况出发，照搬套用别的学校的做法，多数是不会取得理想的效果的。深刻理解本校实际，并不意味着可以降低在培养目标上的要求，恰恰相反，正是为了在深刻理解的基础上，统一认识、采取措施、缩小差距、激发信心，开展创造性的工作，把自己的工作搞得更好。

（二）

以特色为突破口，带动学校的全面工作，应该成
为校长实践自己教育思想的战术策略。没有特色，便
没有吸引力。

有两件事对我触动很深，使我进一步认识到校长的教育思想
是至关重要的。思路明确，信心坚定，找准突破口，办出特色，
完全可以搞活一所学校。

1978 年确定首批重点中学时，我还在山西省教育厅普教处工
作。为了把工作做好做细，我们派出五个小组分赴各地进行实地
考察。结束考察汇总时，各小组对一所闻所未闻的中学给了极高
的评价，所有考察组成员一致建议这所中学应该被列入首批重点
中学。原因是校长办学思路明确，师生精神状态积极向上，这是
办好一所学校最重要、最可贵的条件。他们举例说，考察期间，
参观了两次课外活动，一次是校篮球比赛，这所中学的所有师生
坚持看完了整个比赛，群情激奋地为本校篮球队呐喊助威，也非
常有礼貌地为对方拍手加油。没有一个良好的精神状态是很难做
到的。一次是女生跳猴皮筋儿表演，五百多个女学生在操场上跳
一根很长的猴皮筋儿，在音乐的指挥下，跳得是那样整齐、活
泼。没有平时的训练，没有集体的观念，也是很难做到的。教育
厅采纳考察组的意见，把这所中学列入了首批重点中学名单。五
年过去了，这位校长在坚持体育特色的基础上，又把师生员工的
积极性引导到学校工作的方方面面。重点中学复查时，这所中学

不仅体育工作还是那样富有朝气，而且思想、教学、后勤工作也丝毫不比其他重点中学逊色。

第二件事是一所默默无闻的小学，突然名声大噪，原先无人问津的这所学校，变成了家长、孩子们向往的地方。出于职业习惯，我做了比较深入的了解。原来这所学校几年前建了一支百人鼓乐队，开始是在校内练习，后来打到了校外，哪里有什么大型活动，哪里就有这所学校的鼓乐队。整齐的队服、天真的面孔、优美的演奏，让成年人也不由得拍手叫好。校长并没有停在鼓乐队的成功上，而是以鼓乐队的成功为契机，把大家的精力引导到科学管理、教学改革和学生喜闻乐见的各种活动上来。经过几年努力，师生的精神状态和学校面貌都发生了可喜的变化，因此取得了社会的认可。

办出特色，以特色为突破口，带动学校的全面工作，应该成为校长实践自己教育思想的战术策略。上述两位校长做到的，我们其他校长应该也可以做得到。

人要有个性，没有个性就缺少竞争力；学校要有特色，没有特色就缺少吸引力。

（三）

教育思想人格化表现在事业心和责任感上。

只要努力了，付出了，尽职了，就有生命的价值。谁拥有爱心，谁就拥有方法，谁就会获得成功。

一位校长曾经对我说：只有把自己的教育思想人格化，才能把教育观念变为教育现实。他是这样说的，也是这样做的。他的体会应该是正确的。

据我所知，这位校长当过老师、教导主任、副校长，在学校一待就是三十七年。如今虽然已经退休了，但是说起过去、谈到现在，仍是激动不已，信心十足。他说了许多往事，也谈了许多现实，归纳起来，就是把教育思想人格化集中体现在事业心和责任感上。

他说谁都关心自己的家庭，谁都珍惜自己的生命。校长的事业心就是把学校当作自己的家，把工作当作自己的命，这是搞好工作的基础。能把二者连在一起、融为一体，自然就有了做好工作的强烈愿望。爱是不竭的动力源泉。他说，正是有了爱心，他才做到了安心、静心、尽心。交谈中，他非常真诚地对我说："人生苦短，有效的工作时间更短。既然走到了教育战线上，就要热爱她。只要自己努力了、付出了、尽职了，就有生命的价值。"我理解，这不是消极的回忆，而是对人生真谛的深刻揭示。如果我们每位校长都能像他一样爱教育，就会创造出五彩缤纷的奇迹。

谈到责任感，他有更深刻的体会。他说，作为校长是一种责任。一是要对全体教职员工负责，在政治、思想、学习、工作、生活各个方面为他们着想，使他们不仅能够安心工作，而且能够心甘情愿地忘我工作。要做到这一点，校长必须身体力行，投入感情，注重解决员工的实际困难，让他们有一种安全感和归属感。二是要对全体学生负责，使他们在德智体美劳以及个性等方面都得到发展，成为社会的好公民、祖国的建设者。随着教育的普及，我们再不能选择适合教育的学生了，而必须千方百计选择适合学生的教育。如何选择呢？关爱学生是基础。谁拥有爱心，谁就拥有方法，谁就会获得成功。我感到，这不是空洞的说教，而是对"校长"的深刻诠释。如果我们每位校长都能像他一样体会到校长是一种责任，那么压力就会变成动力，促使我们恪尽职守，成为全体师生的贴心人和领头人。

（四）

观念指导行动，只有形成共识，才能统一行动。

谁占有最多、最新的信息，谁就会跟上时代的步伐。

认准了就大胆实践。实践出真知，实践出成果。

"从某种意义上说，一个好校长就是一所好学校。"

大家对这一观点是普遍认同的。但是需要指出的是：只有当校长的教育思想变为全校教职工的教育思想的时候，学校才能办成一所好学校。

现在的问题是如何把自己的教育思想变为全体教职工的教育思想。

许多校长的做法归纳起来主要有三方面：

第一，多研究。通过召开学校领导、教研组长、各科教师座谈会，阐明自己的教育思想，开展研究、讨论，听取并吸纳大家的意见，形成共识。每次会明确一两个观点，达成共识后大家都按共同的理念指导自己的工作。这种既表明自己的教育思想，又虚心采纳同事有益建议的工作艺术，不仅使自己的想法更符合实际，而且有利于达成共识。观念指导行动，只有形成共识，才能统一行动。

第二，抓培训。一种形式是请进来，在校内培训，请社会上的专家、学者和卓有成效的改革家来校分享信息。这种形式有的是专题性的，有的是系列性的，灵活、方便，信息量大，受益面广。另一种形式是走出去，到校外培训，组织教师和干部到外校参观学习，了解外界的改革动态，考虑自己的改革思路。这种形式多数是综合性的，先学习回来再消化。信息是最宝贵的财富。谁占有最多、最新的信息，谁就会跟上时代的步伐，站在改革的最前沿。

第三，敢实践。如果说占有信息是一种勤奋，那么敢于实践则是一种勇气。校长具有自己的教育思想是必要的，但更重要的是要把自己的教育思想付诸实践，在实践中检验，在检验中完善。为了打好人文科学的基础，许多学校在校内倡导了读世界名著和名曲欣赏等一系列活动；为了全面提高学生的素质，许多学校开设了校本课程；为了激发学生兴趣，让学生主动发展，许多学校开设了研究性课程，受到学生的普遍欢迎。实践出真知，实践出成果。认准了就大胆实践，学校必然在不断的实践中发展壮大，越办越好。

教师眼里的校长

教师常常把校长对他们的态度看作是对他们人格的尊重、工作的评价。

我任山西省教育学院院长时，有一件事对我触动很深，使我认识到校长在教师的眼里是非常重要的，校长的一言一行，特别是对教师的态度，每位老师都是看得很重的。

晚秋的一个下午，我在校园里散步，正向家属区走的时候，二十多米以外一位老师向我迎面走来。恰在此时，刮起一阵大风，扬沙夹着灰尘，没有看清对面是哪一位老师。也在这时，我突然想到快送暖气了，于是掉头向锅炉房走去。

第二天，这位老师的爱人找到我办公室，非常客气地问我是不是对他爱人有意见？我不知道这是从何说起，于是便问他到底是怎么回事。他说他爱人昨天晚上非常慎重地对他说，院长一定对我有意见，如果没有意见，为什么看见了我就绕开呢？这一说，让我想起了昨天下午的事。经过解释，我们俩都哈哈大笑起来。

你看，在教师眼里校长是多么重要。

教师常常把校长对他们的态度看作是对他们人格的尊重。一句热情的话、一个友善的表情、一个得体的招呼，教师都会感受到这是对他的存在与价值的认可。做到这一点，对校长来说并不是十分困难的，关键是校长眼里要有教师。

　　教师又常常把校长对他们的态度看作是对他们工作的评价。亲切的问候、幽默的玩笑，甚至拉拉家常，教师都会感受到这是对他工作的肯定与赞赏。做到这一点，对校长来说也不是十分困难的，关键是校长心里要装着教师。

校长只管校长的事

校长只管校长的事，别人的事由别人去做。这是一种责任，也是一种胸怀，更是一种艺术。

一位教师找到我说，他家正在整修厨房，需要一块预制板，学校建筑工地上有一些专为厨房做的预制板，大小尺寸正好适合他的需要，据说需要院长批准，希望我能协助解决。

我听后有两个想法：一个是教师有困难，信任我才找我解决；另一个是我管得可能太多、太细了，否则为什么要一块预制板还要找院长批呢？

协助这位老师解决了预制板后，我做了深刻反思：校长只管校长的事，不能管得太多、太细。

事必躬亲在小生产时代是一种美德，但是在飞速发展的现代社会，如果事无巨细都要亲自去抓，就显得陈旧落后很不适应了。校长如果管得过多、过细，不仅不能推动工作的顺利进行，而且会阻碍工作的全面开展。这是因为，一方面人的精力是有限的，如果校长管了甚至做了别人应该做的事，必然没有精力去做自己应该做的事。就像一辆汽车，发动机虽然运转着，但是如果司机不挂上挡，汽车是前进不了的。另一方面，如果校长做了别人的事，实质上是对别人自尊心的伤害，必然会挫伤别人的积极性，长此以往，就可能变成一个人或少数人的空忙。

学校有各个职能部门，每个人又有不同的工作岗位。校长的职责是根据自己的教育思想和办学思路，推进各职能部门正常运作，激励每个教职工都能尽职尽责。目前很多学校实行的工作目标责任制、岗位职责制等，实际上都是对办学指导思想的具体化。既然已经把自己想要做的事做了分解，落实到了各个职能部门和具体的人身上，那么校长的事就是检查、督促、协调、激励，而不应管得过细，越俎代庖。

校长只管校长的事，别人的事由别人去做。这是一种责任，也是一种胸怀，更是一种艺术。

校长管什么

决策、协调、激励，是校长的三个主要职责。

有人把校长的基本功能或主要职责归纳为决策、协调、激励三个方面，我以为简明扼要，抓住了本质。

决策就是规划学校的工作目标。工作目标分为短期（一学期或一学年）、中期（一学年或一个学龄段）和长期（一个学龄段或两个学龄段）三种。如何正确决策呢？一是明确国家对人才的需要和教育方针，这是决策的依据，也是决策的出发点。二是明确本校的实际情况，这是把决策落到实处、付诸实践的关键。三是决策既要实事求是，也要具有挑战性，使教职员工感到经过努力可以达到，成为一种激励的动力。没有决策或不会决策，糊里糊涂混日子，自然不是好校长。只有不断向自己挑战，给自己加压，把决策付诸实践，才能走向成功。

协调就是组织力量，落实决策。"为政之本在于得贤"，说的是要敢于和善于用人。决策能否变为现实，关键在于用人。在用人问题上，一是要更新"人多好办事"的观念，并不是人越多越好，多一个人，就多一个零件，就可能多一个事故。不用多余的人，让现有的人都发挥作用，都满负荷工作，是现代领导的用人准则。二是要更新人才观念，凡是人都有用，用好了是人才，用不好是阻力。贵在发现人才，合理使用人才。

激励是调动教职员工的积极性、主动性和创造性去完成决策的重要方式。在校长的三个主要职责中，决策主要是虚心听取并善于集中大家的意见，协调落实决策主要是借助别人的力量，唯独激励是别人代替不了的，需要校长本人亲自进行。比如校长强烈的事业心和责任感的榜样激励，校长敢于决策、善于决策、振奋人心的目标激励，校长和蔼亲切、关心他人疾苦的情感激励等，只有靠校长来完成，别人是无法代替的。激励既是一种观念，也是一种艺术，更是校长最主要、最重要的功能。

有了失误敢负责

　　有了失误敢于负责，这不是什么耻辱，而是一种
强烈的工作愿望与敢于实践的勇气。

　　工作就是实践。在社会实践中，成功与失败并存。虽然大家都想减少失误，但失误总是难免的。有了失误怎么办？我的体会是自己要敢于负责。

　　1992年前后，为了分流剩余的人力，也为了减轻教育经费紧张的压力，在我的极力倡导和决策下，学校办起了一批经济实体，有各种厂（场），还有几个公司。刚开始，红红火火，主观上谁也想办好，两年后，冷冷清清，多数实体自生自灭了。特别是我认为很有发展潜力的一个实体，学校还投入了十几万元资金，结果，不仅没有收回本钱，连负责这项工作的人也找不到了，真是"秀才造反，三年不成"。受挫折后，我虽然很苦恼，但并没有回避过失，大会小会坦诚地检讨自己的失误，主动承担责任，客观总结教训，取得了群众的理解。一位极力支持我开发那个"很有发展潜力"项目的老师，下了很大功夫，找到那位离去的负责人，让他"立字为证"写下了学校投入的十几万元资金

他要归还的字据。你看，群众是多么通情达理。

　　校长每天都在实践。成功了，是主观愿望与客观规律的统一；失败了，是主观愿望违背了客观规律。世界上任何人都会有失误，有失误并不是什么耻辱，恰恰说明他有强烈的工作愿望和敢于实践的勇气。当然，我们要尽量减少失误。但减少失误的途径不是少实践或不实践，而是承认失误，总结教训，所以才有了"吃一堑，长一智"的说法。

　　有了失误要敢于承认，敢于负责，无论是直接的还是间接的，都要勇于承担责任。你越敢于承认失误，承担责任，教职员工们就越认真负责；如果对失误躲躲闪闪，甚至把责任推给别人，群众就会感到和这样的领导一起共事是危险的，没有安全感。如果是这样，群众怎么还敢大胆工作？当然就更谈不上改革创新了。

关于开会

　　爱惜时间，一分一秒都是珍贵的，不要把自己泡在没有意义的会议中。

　　在校园里碰到人，打招呼时总是问："今天没有开会?"到其他办公室或教研室走一走，也总是问："今天没有开会?"开始时还没有觉察出什么，时间长了，问的多了，便有了这样的感觉：好像没开会就没有工作，工作就是开会。

　　开会是必要的，但会议多、规模大、时间长的现象也是存在的。不然，群众为何把开会与工作几乎等同起来呢?看来必须从根本上改一改。

　　如何改?我的做法：一是不开会。对于涉及面小的工作，把有关人员请到办公室，说明要做什么，然后分头落实。二是开小会。必须开的会，只请有关人员参加。三是开短会。决不东拉西扯，紧紧围绕议题，议而决，决而行。这样做还是有效果的。后来人们见到我打招呼变成了"今天没有上课?"或"今天没有听课?"

　　不能按时开会是关于开会遇到的第二个难题。有一段时间，几乎所有的会议都因等人而延迟半个小时左右才能开始。据说这是一个普遍现象，几乎成了"通病"。普遍不等于正常，"通病"也是病，也需要改一改。

如何改？我的做法：一是提前到场，我等人，不要让人等我。二是按时开，一到时间就开始，决不因为有人还没有到场而让多数人等少数人；三是说短话，说完散会，决不拖拉。几次会议以后，情况变了，再没出现有人迟到。因为迟到了，会议开始了，本人也觉得很是尴尬。

时间是珍贵的，谁都知道"一寸光阴一寸金，寸金难买寸光阴"这一古训。但是要真正珍惜时间，绝不能只表现在口头上，而是要体现在行动上。学校的管理应包括时间管理，没有时间观念，几百人、几千人的学校不就乱套了吗？

爱惜时间，一分一秒都是珍贵的。

浪费时间无异于慢性自杀。

一副对联引发的思考

校长要说真话、办实事。什么是真话？怎么想就怎么说。什么是实事？怎么说就怎么做。

某年春节团拜会上，主持人让我讲话。说什么呢？喜庆的日子，还是说一些轻松的话好。于是，我便讲述了自编春联的事。

我对大家说，今年我自编了一副春联，上联是"涉世整整五轮花甲岁首迎丁丑"，是说我属牛，今年是牛年。经过五轮，已经六十岁了，在花甲岁首迎来了丁丑年。下联是"从教恰恰半古园圃老丁喜耕耘"，是说我从事教育工作正好三十五年，七十古稀，我只能算作半古。虽然由一个血气方刚的青年进入了老年，但是仍然喜欢耕耘。横批虽然只有四个字，但我却四易其稿。第一次写的是"又是一年"。太俗，谁不是"又是一年"？第二次写的是"还有一年"。不确切，什么"还有一年"？第三次写的是"再干一年"。消极，一年以后退休了，闲坐着？吃闲饭？第四次写的是"乐在其中"。这一改满意了，虽然三十五年来很苦很累，酸甜苦辣一味不缺，但是苦后有甜、苦后有乐，过去、现在、将来我都无怨无悔，乐在其中。

说完后，大家给了我热烈而长时间的掌声。

第二天，一位老教师对我说："你的团拜讲话朴实、真诚，是从心底里流出来的，说出了我想说的话，谢谢你。"

又过了几天，碰见几个年轻人，还是议论那次讲话。他们说，从你的讲话里我们感受到了乐在其中。知识不仅可以改变命运，还可以创造未来，我们情愿终身播种知识。

一次即席讲话引起如此强烈的反响是我始料未及的。它让我想得最多的，是面对自己的师生员工，校长一定要讲真话、办实事。什么是真话？自己怎么想就怎么说。什么是实事？自己怎么说就怎么做。说的是真话，办的是实事，你就有了威信，说话就有人听，做事就有人跟。

学会宽容

宽容是一种素质，它会带出一批教师影响一代学生。

宽容是一种胸怀，它会装下所有的教师，带动教师装下所有的学生。

宽容是一种艺术，它会促使别人修正错误，搞好工作。

我的一位校友是一所县城中学的校长，因为常常一起开会、学习，再加上校友关系，交谈起来往往无所顾忌，互为知己。一次，他非常动情地对我说："现在的工作是累不死，能气死。拖拖拉拉让你生气，互相扯皮让你生气，好事争着做，惹人的事没人管。特别让你生气的是无端地出现许多怀疑，有些猜测简直涉及你的人格。"

我不怀疑这位校长的人格，也能理解这位校长的心情，因为我也曾经遇到过类似的苦闷：有一年接到一封没署名的信，是反映评职称不公平的事，该评上的没评上，不该评上的反而评上了，似乎其中有什么"秘密"。还有一年接到一封同样未署名的信，是反映招生的事，不该招收的招收了，必定得了什么"好处"。无端的怀疑，毫无根据的猜测，着实气了几天。

事后细想，也不能全怪人家怀疑。因为现实生活中确实存在办事不公开、不公正、不公平的现象；确实有少数人没有把权力看作是一种责任，而把它作为满足一己私利的手段。如果是这样，就不要生别人的气，只能怪自己了。所以，堂堂正正做人，勤勤恳恳办事，是至关重要的。如果是这样，就不会遇到怀疑，自然也就无气可生了。

同时，校长要学会宽容。俗话说，"宰相肚里能撑船"。我们虽然不是宰相，但是在学校是最大的"长"，要有肚量，能容人。有人说过这样的话：能容十人，是班长；能容百人，是连长；能容千人，是团长；能容千军万马，是将军。你看，宽容是何等重要！

宽容是一种素质，凭着这种素质你会带出一批高质量的教师，影响一代学生。

宽容是一种胸怀，凭着这种胸怀你会装下所有的教师，教师会装下所有的学生。

宽容是一种艺术，凭着这种艺术你会促使别人修正错误，搞好工作。

正负数乘法的启示

　　群众的意见是重要的。如果否定了群众的意见，也就否定了自己。

　　一位从事人事工作的干部曾经就正负数的乘法写过一篇文章，提醒领导干部必须把自己置身于群众之中，深知民情，体察民意，想群众所想，急群众所急，才能取得群众的信任，得到群众的支持。

　　如果正数（＋）代表肯定，负数（－）代表否定，正负数相乘的结果将有以下四种情况：

　　1.（＋）·（＋）→（＋）即群众对某个人、某件事持肯定的态度，领导对某个人、某件事也持肯定的态度，结论是群众对领导持肯定的态度。

　　2.（－）·（－）→（＋）即群众对某个人、某件事持否定的态度，领导对某个人、某件事持否定的态度，结论是群众对领导持肯定的态度。

　　3.（＋）·（－）→（－）即群众对某个人、某件事持肯定的态度，领导对某个人、某件事持否定的态度，结论是群众对领导持否定的态度。

4.（-）·（+）→（-）即群众对某个人、某件事持否定的态度，领导对某个人、某件事持肯定的态度，结论是群众对领导持否定的态度。

校长应从四种结果中受到启发：群众的意见是重要的，如果否定了群众的意见，也就否定了自己。

事实上，我们的工作实践就是通过人与人的交往完成某件事情。因此，对人的看法与对事的看法就成了衡量领导干部与广大群众关系是否和谐的重要尺度。一个关系和谐融洽、深得群众信任与支持的领导干部，自然会使本单位的工作开展得生机勃勃，卓有成效。

现在的问题是如何做一个让群众持肯定态度的领导干部？通常情况下，领导人的看法与群众的看法是一致的。这是因为大家一起工作，互相都比较了解，又从事着同一性质的工作，其客观规律谁都应该遵循。但是也有不一致的。当遇到不一致的时候，一定要诚心诚意地听取群众的意见，一定要坦诚地说明自己的意见。凡是有道理，凡是有利于工作的，都要虚心吸纳，修正自己，从而形成正确的决策。这样做，丝毫降低不了自己的威信，恰恰相反，它会使群众感到这样的领导人诚实可信，有事业心。要知道，否定自己还是为了得到群众对自己的肯定。肯定自己不是为了一己私利，而是为了我们共同的事业。

善于"借力"

借力就是调动人的积极性。尊重人、发现才、善用人，是一门高超的领导艺术。

有人说，作为一个领导干部——包括校长——要善于"借力"，就是说要善于借助别人的力量去搞好工作。

细细想想，这话不仅说得有道理，而且还十分深刻，揭示了成功的领导干部之所以成功的客观规律。不是吗？校长本领再大也不过是一个人，个人的力量是有限的，他不可能独自办成一所学校。

任何领导干部都要善于"借力"，校长善于"借力"更有它的特殊意义。一是学校工作的广泛性。从影响面说，它要影响到千家万户和整个社会；从知识面说，它要涉及人类社会长期实践的全部结晶。不靠全体教职工的努力工作是无法想象的。二是学校工作的深刻性。从根本上说，学校是教人如何做人的地方，教育是塑造人的灵魂的工作。不靠全体教职工全身心地投入，没有全体教职工榜样的熏陶与感染，是完不成这一根本任务的。三是学校工作的集体性。表面上看教师的备课、讲课、辅导和家访等工作都是以个体劳动的方式进行的，实质上学校教育的成果是集体的，是所有教师共同努力的结果。校长如果不能把教师吸引到自己的周围，不善于调动每个人的积极性、主动性，学校必然是一盘散沙。四是学校工作成果的滞后性。客观上说虽然学生在校期间也对学校工作作出评价，但归根结底衡量一所学校的教育成果是学生毕业后升入高一级学校或步入社会的表现。这种教育成果滞后性的特点，要求校长必须具有强烈的事业心和责任感，要求教师必须具有奉献精神和自觉性。校长善于"借力"，才能培养和带出一支乐于献身的教师队伍。

善于"借力"的本质是善于用人。我国一些政治家总结说："为政之本在于得贤。"贤的概念是什么？什么是人才？作为校长应该清醒地认识到，在现代社会，特别是在学校，凡是人都有用，关键在于会用不会用，用好了是动力，用不好是阻力。重要的是虚心发现人才，大胆使用人才。人才是相对的：在甲地出类拔萃，而在乙地可能显得一般；在某一些方面才华横溢，而在另一些方面可能平淡无奇。既然人才不是绝对的，那么每个校长的身边都有人才，关键在于校长应放手使用人才。

借助别人的力量搞好工作是一门高超的领导艺术，而尊重人、发现才、善用人则是这门高超艺术的核心内容。

学会赏识

> 人正是在赏识中不断地增强自信，不断地完善自身，不断地美化社会。

早就听说山西通宝育杰学校的校园文化搞得好，出于职业习惯，我约定让校长作一重点介绍。

走进校长办公室，首先看到的是两条小学二年级学生写的毛笔字，稚嫩中透着刚劲，一笔一画俨然是经过正规训练。再到会议室，哇！墙上挂满了从小学到中学学生的毛笔书法作品。形式有真草隶篆，内容有古今中外，简直是一个书法展览。詹文龄校长面带微笑而又十分自豪地说："这都是我们学生的作品。"

不用校长详细介绍，我们一伙儿参观的人都意识到这是一种赏识教育。赏识就是肯定，赏识就是激励。也不用校长多作解释，学生的书法作品挂在了校长的办公室、学校的会议室，他们会从心底涌起自豪与自信的波澜，赏识就变成了催人向上的力量。

大概是从我们脸上读懂了什么，詹校长继续介绍说："只要有时间，凡是同学们开展的活动我和老师们都要参加，对每个同学的表现都要报以真诚的掌声。"

是啊，这就是赏识。人正是在赏识中不断地增强自信、不断地完善自身、不断地美化社会的。

校长要赏识学生，参与学生组织的文娱晚会、团队活动、体育比赛和社会考察等活动，对学生的表现，包括一些不太理想的表现都要给予热情和真诚的鼓励。要懂得，敢于参与是需要勇气的，有勇气就值得鼓励。让学生从校长的赏识里获得力量，增强自信吧。

校长要赏识教师，对每个教师都要热情、诚恳，让所有教师都能从校长的赏识中得到关爱，认识到自身的价值。对那些成绩优秀的教师，校长更要赏识，因为它是对先进的赞扬。校长赏识教师既是一种激励，也是一种榜样。说激励，是因为可以调动教师的积极性和主动性；说榜样，是因为可以让教师从校长那里学到赏识。如果我们每个老师都会赏识学生，学生将在赏识中增强自信、茁壮成长。

简明的管理原则

各人的事各人做，谁做的事谁负责。

在一次学校管理研讨会上，一位校长谈了他的管理办法。他说："现代管理的原则其实很简单明了，那就是'各人的事各人做，谁做的事谁负责'。为了实现这一管理原则，我们还提出了'四个落实'，即'什么事，谁去做，什么时候完成，达到什么要求'。"这位校长觉得效果明显，大家听了也认为具体可行。

其实认真分析一下我们在学校管理工作中存在的一些问题，比如推诿、扯皮、搪塞、应付等行为，讨好的事争着去做，惹人的事无人问津。这并不是由于职责不清，人手不足，主要原因是自己的事自己不做，或自己做了的事不负责任，没有落实到事情上、人头上、要求上。

就多数学校而言，机构设置是健全的。即使没有专门机构，各项工作也有专职或兼职人员负责。许多学校还制定了岗位责任制和部门职责范围，实行了一年一度的工作目标责任制。按理说在管理上应该是顺当的，但是实际上校长不满意，群众也有意见。问题不在于有没有机构，是不是分工，而在于各人的事做了没有，如果没有做好或根本未做，要不要负责，如何负责。由此我想起现代管理案例中一位清洁工的故事：这位清洁工除做好自己的本职工作外，每星期要给各个办公室更换一盆鲜花。有人问他这样做是不是老板批准的？他说："环境美了，心情好了，能提高工作效率，老板会同意的。"这位清洁工不仅做到了恪尽职守，而且做到了创造性地工作。如果我们每位员工都能像这位清洁工一样尽职尽责，学校的面貌必然会发生本质的变化。

赏罚不明是我们管理工作中普遍存在的一个问题，多数情况下是表扬的多，批评的少，更不愿意惩罚。这种现象形成了鞭打快牛、助长懒惰的状况，挫伤了多数员工的积极性。干与不干一个样，多干与少干一个样，干好与干坏一个样，正是在这样的气候下形成的。因此，要做到"各人的事各人做，谁做的事谁负责"，必须赏罚分明，敢奖敢罚。水能载舟，是因为船有了压力才产生了浮力。火箭上天，是因为燃料骤变有了压力才产生了动力。人的努力工作也必须有压力才有动力。

要求别人做到的，校长必须首先做到。如果能做到校长的事校长做，校长做的事校长负责，你才能够并敢于要求别人"各人的事各人做，谁做的事谁负责"。

力量来自信任

一个人得到别人的信任，特别是领导的信任，不仅是一种荣誉，更是一种力量。

师范大学毕业后，王强被分配到县城一中当老师。二十二岁的他血气方刚，满怀豪情，暗暗下决心要当一名好老师。

谁知开学三个月后，十多个家长找到校长反映王老师的情况。有的说他讲不了课，一节课常常有一半的时间是让学生自学、讨论；有的说他管不了学生，有的学生甚至敢和他顶嘴、辩论。家长们的意见很明确：语文是一门主要课程，请校长考虑调换老师。

校长耐心听了家长的意见，既没有肯定，也没有否定，他要了解和掌握真实情况。

家长们反映的情况是存在的。开始上课时，王老师准备了一大堆内容，可上课时十几分钟就讲完了，剩下的时间只有自学、讨论或提问。有几次，王老师真的被学生问住了，对他的解释好几个同学都不满意，并提出了不同的意见。

不知通过什么渠道，王老师知道了家长要求调换他这个语文老师的消息，如同浇了一盆凉水，王老师蔫了，课虽然还在上，但显得无精打采。

校长没有调换王老师，理由很简单：他的基础知识扎实，有搞好工作的强烈愿望，仅凭这两条，他一定会成为一名优秀的教师。学生自有学生的看法：他们喜欢王老师，喜欢他尊重学生、师生平等的民主作风；喜欢他把时间交给学生，由学生去思考、去探讨的教学方法。

三年过去了，王老师所带班级学生的语文成绩在同年级中优势十分明显，不仅考试成绩优秀，而且围绕语文学科开展了不少活动，学生学得活，听、说、读、写等实际能力也很突出。

说到过去，王老师深情地说："是校长和同学们的信任给了我力量。"

成功的演讲

老师应该为学生如何说话树立榜样，校长应该成为教老师如何说话的大师，这是教育的需要。

我上大学时总是盼着开大会，原因是想听校长的讲话。每一次听他演讲，都是一次享受，不仅懂得了许多道理，而且还可以学会如何说话。

老师告诉我们，校长的每次讲话稿都是自己准备。开会前，他要在大镜子面前反复练习，声音大小、语速快慢、面部表情、手势动作以至于服饰打扮，都要精心设计，难怪他的演讲总是那么吸引人。

由此，我想到了现在的一些会议。讲话的人照本宣科，听讲的人有的闭目养神，有的窃窃私语。有时候，开小会的声音甚至压倒了讲话人的声音，主持人不得不发出"请安静"的警告；有时候，相当一部分人干脆不到会，于是又有了入场登记、按单位就座和正式开会前清点人数等做法。我想，如果讲话的人能像前面说的那位校长一样，精心设计自己的演讲，能让大家感到参加会议是一种享受，自然就有了吸引力，也用不着维持会场秩序了。

　　学校有许多会议都要校长讲话。如何让会议具有吸引力，如何使自己的演讲获得成功？会前认真准备是至关重要的。老师上课前要备课，那么校长开会前也要准备，道理是一样的。准备什么？第一，确定讲话重点。一般来说，每次会议只能有一个中心。讲话就是要围绕中心说清、说透，让参加会议的人抓住重点，清楚明白地知道要做什么、怎么做，要达到什么要求。如果没有中心，想起什么说什么，看到什么说什么，必然是心中无数、东拉西扯，参加会议的人就会像学生听没有备课的老师上课一样，觉得平淡无奇，有的窃窃私语，有的昏昏欲睡，有的干脆中途离去。第二，琢磨讲话艺术。语言是心声的外露，艺术是内容的包装。同样的内容，不同的表述，效果是不一样的。因此，校长要提高自己的语言表达艺术。语言的准确、简练、明快是必要的，但更重要的是表述的感召力，这是演讲是否成功的关键。古人说"情动而辞发"，"感人心者，莫先乎情"。校长有了鲜明、强烈的情感，语言表述自然就有了感召力。严格来说，它不是语言的力量，而是人格的力量，是校长的真情实感在感染听众。第三，控制讲话时间。无论大会小会，讲话的时间都不能过长。要紧扣重点，讲清为止。老师的"满堂灌"不受学生欢迎，校长如果没有时间观念，讲起话来没完没了，同样不受教师欢迎。

　　老师应该为学生如何说话树立榜样，校长应该成为教老师如何说话的大师，这是教育的需要。

听课三说

　　要听课是观念，会听课是艺术，能说课是能力。

　　校长只有坚持听课，才有发言权。

　　听课就是听课，还有什么好说的？其实不然，听课既是一种观念，也是一种艺术，还是有话可说的。

　　要听课。教学是学校最主要、最经常的活动，素质教育的实施，校长办学思想的落实，主要渠道是教学活动。因此，校长听课犹如干部深入基层调查研究，犹如医生深入病房查看病情，犹如厂长深入车间了解生产情况，犹如农学家深入田间发现问题……不听课，就不了解情况，"以其昏昏，使人昭昭"是不可能的。校长要听课，每周不少于两次，全年不少于一百节。如果能做到，你就有了发言权。

　　会听课。听谁的课，如何与被听课的老师打招呼，什么时候进入课堂，什么时候离开课堂，要不要和同学们一起站立向老师问好、再见，课堂上如何做记录，听课时的服饰、举止，自己的表情如何随着教学活动发生变化……都是有所讲究的。这些看似细小实质重要的问题，关乎校长本人的素质，影响到课堂的气氛，涉及被听课教师的情绪。因此，充分注意自己的形象，充分尊重教师，才能做到会听课。

能说课。听课以后，要简明扼要地与教师交流，说一说应该肯定的有哪些，需要改进的是什么。本着真诚、平等、探讨的原则，充分与教师交流，虚心听取教师的意见，不把自己的意见强加于人。"教有法而无定法"，每位教师都有自己的想法，如果简单生硬地把自己的想法强加于人，不仅失去了听课的意义，而且会挫伤教师的积极性。"外行看热闹，内行看门道"，这个"门道"就是本质和规律。学校那么多课程，在基础知识上我们不可能门门都精通。要使自己成为内行，听课以后能说课，就必须抓住本质与规律。教学活动的本质与规律是教师与学生的积极性是否得到了充分发挥，特别是学生主动参与的积极性是否得到了充分调动。所以，说课的目的归根结底是调动教师的积极性，发挥教师的主导作用，让教师去调动学生的主动性，使学生真正处于学习的主体位置。

他没有当过模范

当了模范的是好校长，没有当过模范的也有许多
好校长。问题的关键在于他是否把自己的全部心血都
倾注在学校的改革与发展上。

吴校长所在的学校是一所老先进，教育系统设立的各种集体
奖项他们学校几乎都获得过。教职员工中，有三分之一的人获得
过各级教育行政部门设立的个人奖项或荣誉称号。

出于职业习惯，我走访了吴校长和他所在的学校。

吴校长五十开外，浓眉大眼，衣着朴素，给人的第一印象是
憨厚中透着聪颖，聪颖中又不失真诚。他说，他是这所县城小学
发展的见证人，学校毕业后被分配来当教师，一蹲就是十三年，
1984 年当了副校长，1991 年当了校长，这两蹲又是十七年，可
能还要蹲到底。我不知道他为什么总是用"蹲"字，或许是当地
的一种习惯，或许是"安心""扎根"的意思。

参观学生小发明展览室时，我发现展室的对面就是会议室，
顺便进去一看，陈设像吴校长一样朴实：二十张课桌摆了个长方
形，周围放着两排椅子，既能开小会，也能开全体教师会，还可

以接待来访者。四周墙上全是奖旗、奖状，正面一排课桌上摆满了大大小小的奖杯。我指指墙壁对吴校长说："名不虚传，这就是证明。"他淡淡一笑说："这都是过去的了。"

中午吃饭时，一位和吴校长合作共事二十多年的副校长告诉我，学校获了那么多集体奖，教工领了那么多个人奖，可吴校长从来不让评选他自己，他没有当过模范。听了副校长的话，我对吴校长又有了更深的认识，打心底里敬佩他，于是满满斟上一杯酒，同他一饮而尽。

他没有当过模范，可是在会议室里的每一面奖旗、每一张奖状、每一座奖杯上，都有他倾注的心血；他没有当过模范，可是在学校的改革与发展上，在教职工的成长道路上，他是真正的功臣。

当过模范的是好校长，没有当过模范的也有许多好校长。问题的关键在于他是否把自己的全部心血都倾注在学校的改革与发展上。

事在人为

　　人来到这个世界上就是为了改造客观现实。在改变贫穷落后中使自己变得富裕文明，在改变假、恶、丑中使自己变得真、善、美。事在人为。只要你肯付出，必然有所收获。

　　一所大学的校长向我讲述了一个真实的故事：

　　他们学校的扶贫村有一所小学，小学共有四位老师、一名校长。因为穷，学校仍在 20 世纪 50 年代建造的窑洞里。窑洞本来就不宜做教室，加上多年不曾粉刷，光线暗淡得连目光敏锐的小学生看书、写字都很吃力。所有的课桌凳没有一副完整的，不是少胳膊就是短腿，摇摇晃晃，吱吱呀呀，上课、自习很难安静。墙上没有一幅画，没有一条字，实在不如一个普通农家的室内装饰。老师、校长挤在一孔窑洞里，办公桌上除了学生的作业本外，还有不知道多少日子没有打扫的灰尘。四周墙上空空荡荡，甚至没有发现一张课程表。校长想，作为一所大学的扶贫村，如果小学的面貌改变不了，那怎么算脱贫？又怎么能脱贫？于是便和村领导、乡长及县教育局局长说了自己的想法。

这位校长告诉我，后来调换了一位校长。半年后他又到扶贫村，小学的面貌有了变化：教室的墙壁粉刷一新，墙上出现了许多激励学生的字画，课桌凳进行了维修，虽然还是旧的，但学生坐上去安稳了许多。只有二十多平方米的小院，原来是晴天尘土飞扬，雨天泥泞一片，如今用废弃的砖块铺得平平整整。还是那个办公室，不仅墙壁白了，而且有了老师书写的名人名言、规章制度和各年级的课程表，虽然陈设简单，但显得有了生气。

听了叙述，我和这位大学校长都有同样的感受：事在人为。还是那所学校，还是那些老师，换了位校长，领着大家干，面貌就发生了变化。前面那位校长为什么没能改变面貌？"非不能也，乃不为也。"不是变不了，而是不去变。

人来到这个世界上就是为了改造客观现实。在改变贫穷落后中使自己变得富裕文明，在改变假、恶、丑中使自己变得真、善、美。事在人为。只要你肯付出，必然有所收获。

差距在哪里

在教师队伍建设上，第一抓职业道德，第二抓业务能力，第三抓专业知识。

有些老师上的是同一所学校，学的是同一门专业，毕业后教的是同一个年级，带的是同一门学科。过了一段时间后，人们发现教学效果出现了差别，有的很好，有的一般，有的很差。差距在哪里？形成差别的原因是什么？

工作环境、教学条件、学生基础可能影响教学效果。但是这些客观条件对于同一类型的学校来说并没有十分明显的差别，应该说大家基本站在同一条起跑线上。

基础知识与专业知识也可能影响教学效果。但是就现行教材的知识内容来说，绝大多数教师是过关的，不存在"拦路虎"。虽然知识占有量的多与少会影响到教学效果，但是对于具有同等学力的人来说，基本也是站在同一条起跑线上的。

那么，形成教学效果差别的原因究竟是什么？差距在哪里？如果敬业精神、职业道德都很好，原因就出在能力上，差距在教师的业务能力上。

　　教师的特殊本领并不完全表现在占有知识上，而是能把自己占有的知识转化为学生理解了的知识。完成知识的转化是教师的特殊本领。在教学活动中，教师与教材没有矛盾，哪一位教师都理解要讲的内容。教师与学生没有矛盾，哪一位教师也想通过自己的讲授让学生理解教学内容，哪一位学生也企盼着通过老师讲解使自己掌握教学内容。矛盾是什么？是学生与教材，是学生想理解和掌握教材内容，而教材内容对学生来说都是全新的。教师的主导作用就是帮助学生理解和掌握教学内容，完成知识的转化。

　　在转化知识的过程中，激发学生的学习兴趣，调动学生主动参与的意识，是一切教学方法的核心。而要做到这一点，教师就必须研究学生，认识学生的心理特点，掌握学生的认识规律，使教学活动成为学生主动参与的活动。"教有法而无定法"。"有法"是指规律，指学生的心理特点和认识规律，强调要努力调动学生的主动性和积极性；"无定法"是指特殊，指学生的心理特点与认识规律并不是完全一样和一成不变的，强调要根据不同的教学内容和不同的学生特点采用不同的教学方法。因此，仅仅停留在钻研教材上是不会取得良好的教学效果的。要提高教学质量，还必须研究学生，改进教学方法。

　　知识的更新相对来说比较容易，只要自己勤奋，借助现代手段是可以较快地丰富和提高自己的。能力的提高相对来说比较困难，虽然可以通过信息传播学习，但是要真正提高自己，改进教学方法主要靠自己的实践。通过实践，成功的，积累为经验；失败的，接受为教训。经验教训越丰富，教师就越成熟。一个成熟的教师，自然会取得良好的教学效果。

如何抓教师队伍建设？第一抓职业道德，第二抓业务能力，第三抓专业知识。

自信的力量

> 每个人都有自己的岗位，每个岗位就是一个舞台，这一点对谁都是公平的。但是，要取得成功，自信是必不可少的。

一所普通农村小学的办学事迹在报上几乎占了一个版面。看报纸可以学习，总不如实地去看看。于是，我来到了这所学校。

学校坐落在村子的南面。一座二层教学楼和一排办公平房是它的南北围墙，东西各有一堵墙围起来，院子就是操场。校舍不算现代化，但绝对俭朴、大方、干净、幽雅，给人一种清静、舒适的感觉。

上午听了两节课，下午座谈后，利用课外活动时间观看了学生的武术、乐器、书法以及各种生活能力的表演。一天的活动中，从校长脸上看到的是自信，从教师脸上看到的是责任，从学生脸上看到的是喜悦，从家长脸上看到的是满意。名副其实，应该登报。

可是，几年前这所学校曾面临关门的危险。现任校长上任后，拿出自己调资补发的工资买材料粉刷了教室；用家里节余的

43

口粮买砖雇人修补了倒塌的围墙；说服村干部给学生维修了课桌凳；动员老伴住进学校当了义务清洁工，顺便为他做饭；参考其他学校的做法制定了各项工作制度。这一带头，带动了全体老师，救活了一所学校。

这位校长告诉我，校长是个岗位，也是个舞台。上了这个舞台，只能向前看，朝前走，拼搏一番。困难、烦恼是有的，可是一看到学生们天真的小脸、家长们企盼的双眼，一切就会烟消云散。

他没有说校长要自信，但每一句话里都充盈着自信；他没有说校长要有责任感，但学生和家长的企盼是他强烈责任心的基石。

是啊！我们每个人都有自己的岗位，每个岗位就是一个舞台，这一点对谁都是公平的。但是要取得成功，自信是必不可少的。

说威信

> 校长的威信就是影响和改变教职员工心理和行为的能力。成功的校长都是有威信的校长，这是一个普遍规律。

威信就是影响力，是一个人影响和改变他人的心理和行为的能力。在人与人的交往中，它是通过语言、表情、行为体现出来的，是一种特殊的力量。

校长的威信，就是影响和改变教职员工心理和行为的能力。成功的校长都有着令人信服的影响力，这是一个共同的规律。

人的影响力主要来自两个方面：

一方面是职位。一定的职位具有一定的职务，一定的职务就有一定的权力。这种权力无论是任命的，还是选举的，或者是聘用的，都具有影响力。它不仅影响到一个单位的兴衰成败，还能影响到单位每个人的切身利益。但是，仔细想一想，这种影响力是权的作用，而不是人的威力，一旦离开了这个职位，没有了权力，也就没有了影响力。同时，权力的影响力有着明显的强制性，被影响的人处于被动状态。被动下的工作，是谈不上主动性、自觉性和创造性的。因此，单凭权的影响力是不会持久的。

另一方面是素质，即具有一定职务的人的整体素质。良好的个人素质是一种自然的影响力，是一种无声的命令，是吸引和激励被影响人的一种无形的力量，它比权力的影响力更大，这就是我们通常所说的威信。

作为一名校长，除了应有的政治和思想素质外，威信还表现在以下三个方面：一是个人品质。能做到言行一致，表里如一，多谋善断，敢于负责，严于律己，公道正派，勇于创新，坚强乐观，勤奋踏实，给人一种信赖感。二是业务能力。在学校管理上，能从本校的实际出发，运用现代化管理手段，充分调动所有人的积极性；在教学工作上，既能胜任自己所任学科的教学工作，又能以现代教学理论指导其他教师的教学活动，给人一种敬佩感。三是感情因素。舍得感情投入，满腔热忱，平等待人，能为教职员工创造一个宽松、和谐的工作环境，教师心甘情愿"为知己者"尽心出力，给人一种亲切感。

制度要具体

中小学生不仅需要知道"是什么",更需要懂得"为什么"和"怎么做"。因此,制度要具体,要有鲜活的人本思想,要体现对学生的尊重与关爱。

我翻阅资料,发现陶行知先生亲自制定了《育才卫生教育二十九事》,看后很受启发。这个制度最大的特点是科学、具体,便于操作。比如,"吃饭最多以三碗为限""吃水果用高锰酸钾水消毒""用公筷分菜""饭后半小时不看书、不运动、不游泳""每日注意通大便一次""夏日每天六杯开水为度"……

由此,联想到目前一些学校的规章制度情况。可以说,绝大多数学校都制定有必要的规章制度,这些制度对于规范师生的言行,保证正常的秩序都发挥着积极的作用。但是,雷同、空洞的规章制度也确实存在,于是便出现了有"法"难依、不好落实的局面。表面上有制度,实际上没能很好落实,于是又形成了恶性循环,造成了管理上的漏洞。

任何规章、制度和纪律都是制约少数人、保护多数人的,因为违反制度和纪律的人总是少数。在学校,学生正处于认识世界的成长阶段。他们不仅需要知道"是什么",更需要懂得"为什么"和"怎么做"。因此,学校的规章制度要具有鲜活的人本思想,体现对人的关爱与尊重。你看,陶行知先生制定的《育才卫生教育二十九事》,"吃水果用高锰酸钾水消毒""每天注意通大便一次""夏日每天六杯开水为度"……渗透着对学生的关爱,体现了一种情感,学生怎么能不听从呢?人在感受到规章制度对他是关爱与尊重时,他会自觉自愿地去执行。

中小学生的年龄特点决定了他们容易接受具体的,而不容易接受抽象的。因此,学校的规章制度一定要从学生的实际出发,尽可能具体化,让学生一听就懂,便于落实。你看,中国人民解放军的《三大纪律八项注意》,既说明了应该怎么做,又讲清了为什么要这样做,不仅通俗易懂,朗朗上口,便于落实,而且意味深长,具有教育人、激励人的力量,战士们不仅喜欢唱,而且容易把要求落在实处。正是凭着具体化了的"铁"的纪律,我们的军队才能在战争年代无往不胜,和平时期成为保卫祖国的钢铁长城。可见,只有具体,才能普及,才能落实。

说校风

　　校长的作风、教师的教风、学生的学风构成了一所学校的校风。有远见、敢创新、重实效、能吃苦、顾大局，应该成为每位校长的工作作风。

　　一所学校的校风包括校长的作风、教师的教风和学生的学风三个方面。这三个方面，校长的作风是关键。一个事业心、责任感很强，工作严谨、踏实勤奋的校长，必然能带出一支治学严谨的教师队伍，一支治学严谨的教师队伍必然能带出一批刻苦认真的学生。相反，如果校长松松垮垮，也会像传染病一样感染教师，教师又传染给学生。因此，树立良好的校风，校长首先要从自己做起。

　　校长的工作作风是校长本人政治观点、思想意识、道德品质、文化素养的外在表现，只有从这些根本问题上加强修养，提高自己，才可能具有良好的工作作风。

　　校长的工作作风可以归纳出许多方面，但最主要的是以下五点：

一是有远见。教育工作的特点是周期性长，见效慢。严格来说，学校教育成果是学生毕业升入高一级学校或进入社会后才能显现出来的。作为校长，既要有立足当前的战术策略，又要有着眼长远的战略思想，在教师培养上要着眼于未来，在学生教育上要预见到社会发展的需要，在办学条件的改善上要有超前的意识。没有远见，苦苦死守，将被时代所淘汰。

二是敢创新。教育工作是一项需要创新的事业，因为随着社会的发展，教育对象、教育内容、教育手段、教育方法都在发生变化，墨守成规，安于现状，显然是不行的。因此，校长必须从本校的实际出发，借鉴成功的经验，瞄准现代社会对人的需求，创造性地工作，形成一个变革的氛围，在改革中求生存、求发展。

三是重实效。教育是一门科学。科学的精髓是遵循规律，实事求是。单凭几句口号，搞花架子，做表面文章，看起来红火热闹，实质上起不到教育作用。有的学校提出"一切为了学生，为了学生的一切"，反映了实事求是、注重实效的思维方式，它应该成为所有校长的思想路线。

四是能吃苦。当校长是个苦差事。苦就苦在需要不断学习，及时掌握最新信息；需要不断思维，联系本校实际，提出多方面的改革意见；需要不断实践，以身作则，率先垂范，带领自己的员工去改变面貌。没有吃苦的精神，是不可能带动别人的。

五是顾大局。学校的大局是什么？是学生，是推进学生的全面发展。为了这个大局，校长要有奉献精神。人们把教师比作"春蚕""蜡烛""人梯""园丁"……是说为了学生，教师要有奉献精神。作为教师的带头人，校长更应有奉献精神。有了这种精神，才能带领教师完成学校教育的历史使命。

脑力劳动是无法监督的

　　校长的激励、社会的尊重、学生的成才，是教师产生积极性、主动性和自觉性的动力源泉。

　　教师的劳动是一种脑力劳动，脑力劳动是无法监督的。备课、讲课、批改作业、个别辅导、自学进修……怎么去监督？只能凭自觉。

　　脑力劳动又是无法用时间去计算的。比方说我们都强调要认真备课，有的人讲一节课可能只准备一个小时，有的人讲一节课可能要花费好几个小时去准备。怎么去监督？还是凭自觉。脑力劳动无法用时间计算还有另一层意思，就是它不受时间、地点、条件的限制，任何情况下都可以劳动。吃饭、走路时可以想问题，看电视、看演出时可以想问题，甚至上床休息了仍然可以演算数学、写文章。正因为这样，才有了"处处留心皆学问"的说法。"留心"就是善于观察，肯动脑筋，乐于思考，所以才增长了知识，丰富了自己。所有这些不能强行规定，也无法监督，仍然凭自觉。

　　有人说，体力劳动的成果等于数量加质量，脑力劳动的成果等于想加做。这话有道理。虽然自觉性对于各行各业都是重要的，但是由于脑力劳动不可监督的特殊性，决定了自觉性对于脑力劳动的极端重要性。它形象地告诉我们：提高脑力劳动者的效率与效益，主要靠劳动者个人的积极性、主动性和自觉性。

教师的劳动对象是学生，劳动产品也是学生。教师劳动是通过传授知识、言传身教，把学生培养成符合时代发展要求的合格公民。特殊的劳动对象和产品质量，决定了教师劳动的复杂性和艰巨性。在学校，虽然各种规章制度可以对教师的工作起到一定的制约作用，各项竞赛评比也可以起到一定的促进作用，但是最根本的是校长对教师的激励与尊重。当教师从校长的言行举止中体验到了对自己的肯定与信任时，他就会感悟到自己的存在与价值，从而迸发出极大的工作热情。这种热情渗透到学生身上，必然产生很好的教育效果。学生的成人、成才，家长、社会的充分肯定，又会使教师体会到自己工作的社会意义，从而形成不竭的动力源泉。

校长的激励、社会的尊重、学生的成才，是一种良性循环。教师工作的积极性、主动性、自觉性，正是这种良性循环的结果。

激励的艺术

（一）

激励是领导艺术的核心。

有人把校长的主要职能归结为决策、协调、激励三个方面。决策就是根据国家的教育方针，结合学校的实际情况，从社会对人的需要出发，广泛听取各方面的意见，对学校的长远发展和阶段性工作，作出决策；协调就是组织力量，协调配合，落实决策；激励就是调动所有人的积极性，实现决策。

三项主要职能对校长来说都是重要的。但是仔细想想，如果决策、协调能力不强，还可以通过虚心听取群众意见和充分利用各个环节的干部加以弥补，那么，激励则是别人所替代不了的，必须校长亲自去做。所以，激励是校长领导艺术中最本质、最核心的部分。

现代管理学者佛隆曾经提出一个"期望价值理论"，对激励做了全面而深刻的阐述。为了提高激励的艺术，他还提出了一个公式：

激励的力量＝效价×期望值

激励的力量是人的积极性，效价是实现目标对个人价值的大小，期望值是实现目标可能性的大小。这个公式的意思告诉我们：人的积极性等于实现目标对个人的价值乘以实现目标的可能性。

上述公式可能出现五种情况：一是实现目标对个人的价值很大，实现目标的可能性也很大，人的积极性很高；二是实现目标对个人的价值很小，实现目标的可能性也很小，人的积极性很小；三是实现目标对个人的价值与实现目标的可能性中，一个大一个小，人的积极性一般；四是实现目标对个人的价值与实现目标的可能性中，一个为零，人的积极性为零；五是实现目标对个人的价值与实现目标的可能性中，一个为负数，人不仅没有积极性，而且还可能成为消极因素。

为了调动绝大多数人的积极性，校长在决策时应着重考虑两个方面的问题，一是目标要具体、明确，具有创造性和挑战性，使人们觉得富有价值；二是目标要适中、现实，经过努力可以实现，使人们觉得"跳起来可以摘到果子"。这样，人的积极性必然很大。

（二）

校长要做一个头脑清醒的明白人，心中有目标，工作有方向，用目标激励自己，用目标激励教职工。

目标是一种重要的激励因素。大至国家，确立了目标后，举国上下都为实现目标奋发工作；小至一个具体的人，有了目标后，便会不懈地为达到目标而努力。

学校应该有学校的目标，有了目标，全校就有了前进的方向。作为教职工，也会根据学校的目标，确定自己的具体目标，在实现学校目标的过程中实现个人的人生价值。

学校的目标大致有三种：一是短期目标，一般是在一个学期内要做几件事，达到什么要求；二是中期目标，一般是在一个学年内要做好哪些主要工作，使学校发生哪些变化；三是长期目标，一般是在一个学段内（小学六年，初中三年，高中三年），通过落实短期和中期目标，使学校达到什么标准。

校长在确定学校的短、中、长期目标时，既要从本校的实际情况出发，又要富有创造性和挑战性，给人以鼓舞。不从实际出发，目标过难过高，说了一堆空话和大话，到头来实现不了，是没有实际意义的；只盯着学校的困难，老想着这也做不到，那也不可能，得过且过，安于现状，学校便永远改变不了面貌。事在人为。一个校长在社会上有没有自己的位置，关键在于有没有作为。有作为就有位置，没有作为自然就没有位置。每个校长都应该坚信：别人能够做到的，自己也一定能够做得到。问题在于敢于去想，努力去做。只要你想到了，又努力去做了，必然有所回报。

确定学校工作目标既对校长本人是一种激励，又对所有教职工是一种激励。渴望社会尊重是人的自然本性，所有的人都希望受到尊重。校长根据学校发展的需要，适时提出明确、具体而又富有创造性和挑战性的目标，就是对自己教职工的信任与尊重，它能使每个教职工体验到自身的价值，从而激发主动性去做好本职工作。

以己昏昏，不可能使人昭昭。所谓昏昏，就是没有目标。校长一定要做一个头脑清醒的明白人，心中有目标，工作有方向，用目标激励自己，用目标激励教职工。

（三）

人是在被赏识中获得自信的。校长赏识自己的教职工，实际上是在播种自信。人是从失败中走向成功的，正确对待失败，实际上是在引导教职工走向成功。

有个材料上曾经提出一个"人情反定律"。简单归纳起来就是："领导越把我们当人，我们越不把自己当人；领导越不把我们当人，我们越把自己当人。"意思是说，领导者如果能理解、关心、尊重群众，群众就会与领导心往一处想，劲儿往一处使，毫无怨言，拼命工作；领导者如果不理解、不关心、不尊重群众，群众对这样的领导自然会心灰意冷，失去信心，推一推，动一动，甚至推也推不动。

可见，校长重视感情投资，对教职工具有真情实感，同样是调动教职工自觉性、主动性和积极性的一种激励因素。

榜样是情感激励的重要标志。因为只有热爱教育、热爱学校的人才有强烈的事业心和责任感，才懂得只有身体力行、率先垂范，才能带动群众共同做好学校工作。榜样的力量是无穷的。校长在各个方面都能以身作则，自然会给教师一种敬佩感，从而感染和带动教师也为学生树立做人、做事的榜样。常言说"强将手下无弱兵"。这里的"强将"，除了知识、才能外，更重要的是榜样，是在各个方面能为"士兵"树立一个亲切感人、激励人心的榜样。

尊重人是激励人的核心。校长要发自内心地尊重每一位教职工，尊重他们的人格，尊重他们的工作，关心他们的成长，关心他们的疾苦。尊重是教育事业的需要。校长只有真心实意地尊重教职工，才能换来教职工对校长的尊重。这样，说话才有人听，做事才有人跟，从而达到"心往一处想，劲儿往一处使"的目的。

赏识也是一种情感激励。教师赏识学生，学生会备感亲切，积极性便油然而生。校长赏识教师，教师同样会受到鼓舞，赏识便成了一种动力。实际上，每个人都有每个人的长处，都值得别人赏识。校长要仔细观察、善于发现每个人的优势，一句话、一个表情、一个动作，都充分给予肯定。人是在被赏识中获得自信的。校长赏识自己的教职工，实际上是在播种自信。

正确对待失败同样是一种激励。实际工作中，有的人成绩突出，有的人平平常常，有的人可能出现失误或失败，这是正常的。对于工作有失误或失败的教工，简单的批评是无用的，粗暴的训斥是有害的。校长要帮助他们分析原因，找到病根，一起探讨改进的办法。人是从失败中走向成功的。正确对待失败，实际上是校长在引导教职工走向成功。

中国的知识分子有着"为知己者用"的美德。校长要做教师的"知己者"，舍得感情投入，真心实意地关爱、理解和尊重他们。

（四）

重视环境建设，实际上是在播种信念，收获命运。

人在不同的环境里，心情是不一样的。不同的心情自然有不同的工作效率和效果。在一个相互尊重、宽松和谐的环境里，人的心情是愉快的，愉快的心情有助于提高工作效率；在一个卫生整洁、优雅美丽的环境里，人的心情是恬静的，恬静的心情有益于提高工作效率。因此，重视环境建设，善于环境激励，也是一种艺术。

环境激励主要包括两个方面：

一是人际关系环境，包括校长与教职工、教职工与教职工、教师与学生、教师与家长等方面的人际关系。学校教育工作有着自身的规律和特点：劳动方式是个体的，如备课、讲课、辅导、作业批改、家庭访问……但教育成果是集体的，是所有教职工积极参与，所有学生和家长主动配合的结果。所以，努力建设一个宽松和谐的人际关系是非常重要的。由于教师劳动个体性的特点，有的教师便产生了"多见自己，少见别人"的思想。这种思想如果得不到解决，便会产生"文人相轻"的现象，从而影响教育效果。教师之间应互相理解，互相尊重；师生之间应尊师爱生，教学相长；教师与家长之间应彼此了解，主动配合。有了这样一个人际环境，也就会有理想的教育质量。

二是校园自然环境，包括房舍、道路、绿化、美化等。校园的自然环境应该富有人文思想，让每一面墙、每一条路、每一棵树、每一株花、每一片草、每一个字，都能闪现人本的光辉，具有育人的功能。良好的自然环境具有激励作用，它可以激发人们向上的情绪、美的追求，陶冶积极健康的情操。良好的自然环境又具有约束的功能，提醒人们检点自己的行为、保护环境，养成良好的行为习惯。

我们经常说要重视挖掘教育资源。其实环境就是一种重要的教育资源，它对师生员工的教育与激励作用是语言无法比拟的。印度一位诗人曾写过一首《播种》的诗，他说："把一个信念播种下去，收获到的将是一个行动/把一个行动播种下去，收获到的将是一个习惯/把一个习惯播种下去，收获到的将是一个性格/把一个性格播种下去，收获到的将是一个命运。"重视环境建设，实际上是在播种信念，收获命运。愿每一位校长都做一个辛勤的播种者，为师生员工创造一个优美、和谐的校园环境。

(五)

物质需要是生存的基础。只有重视并努力解决人的物质需要，人们才能把精力集中在工作上。

精神需要是生存的支柱。只有重视并满足人的精神需要，人们才能体验到人生的价值，从而施展自己的才华。

人的行为源于需要。有了需要，便产生了目标。经过努力，取得成绩后，得到了奖励或报酬，又产生了新的需要，向着更高一层的目标努力。人生就是这样，循环往复，步步攀登，实现着自身的价值。奖励或报酬实际是满足人的需要，激励人们向着人生价值的最高峰攀登。因此，公开、公平、公正的奖励或报酬是一种重要的激励手段。

人的需要包括两个方面。

一是物质需要，即生理需要。衣食住行、生老病死、婚丧嫁娶等均属人的生理需要。这些需要是任何人都必需的，是人赖以生存的物质基础。校长要理解人的物质需要的重要性，努力创造条件，解决教职工的物质需要。所谓"后顾之忧"，主要是指人在物质需要上的困难。如果物质需要满足了，或者基本解决了，那么人就可能把精力用在工作上。

二是精神需要。希望理解，渴望尊重，追求上进，企盼成功等均属人的精神需要。这些需要是任何人都具有的，是人赖以存在的精神支柱。学校是知识分子集中的地方，人们的精神需要不仅突出、强烈，而且具有明显的特点。这一特点具体表现在所有教师都希望成为深受学生爱戴、得到社会尊重的好老师。为着这一目标，绝大多数教师工作是努力的。校长要理解人的精神需要的重要性，积极创造条件，提供方便，鼓励进修学习，倡导教育研究，支持创新改革，满足教师的精神需要，使他们从内心感受到在学校可以充分施展自己的才华，实现自身的价值。

奖励或报酬激励的全部艺术集中体现在公开、公平、公正。如果能做到以上"三公"，便会对工作起到促进作用。如果搞平均主义，吃大锅饭，甚至不该得的得了，多劳的并没有多得，就会挫伤多数人的积极性。

（六）

赏识表扬是激励，批评处分也是激励。只有赏罚严明，才能保证学校工作沿着正确的轨道健康向前。

任何行业都有自己的纪律、规章和制度。这些纪律、规章和制度是在认识行业规律的基础上制定的，是使行业按规律发展的保证。学校教育有学校教育的规律。学校的各项纪律、规章和制度，是学校教育按照自身规律健康发展的保证。因此，建立健全规章制度，严格执行各项纪律、规章和制度，同样是一种激励。

纪律、规章和制度从来都是约束少数人，保护多数人的。多数人是克己自觉的，违反纪律、不按规章制度办事的总是极少数人。那么，为什么还必须有各项纪律和规章制度呢？是为了保护多数人，保护多数人不受干扰地按照教育的客观规律正常工作。比如迟到早退的人总是极少数，但是必须有不许迟到早退的规定。为什么？保护多数人不受干扰地学习和工作。所以，严格执行纪律、规章和制度，既是对多数人的保护，又是对多数人的激励。

用纪律和规章制度激励，首先要建立健全各项纪律和规章制度。学校的多项纪律和规章制度是保护全体师生员工的，重点是保护学生健康成长的。因此，学校的规章制度具有以下一些特点：第一，明确、具体，易于操作，让学生一看就懂；第二，富有人情味，让学生感到所有的纪律和规章制度都是出于关心和爱护，不仅看得懂，做得到，而且乐于执行；第三，积极向上，正面引导，少一些生硬的强制命令，多一些善意的正面引导，让学生不仅知道怎样做，还能懂得为什么应该这样做，使执行规章制度成为一种鼓舞人们向上的力量。

"没有规矩，不成方圆"，是所有规矩的必要性和重要性。其实，比制定规矩还重要的是执行规矩。有规矩而不执行，等于没有规矩，不仅保护不了多数人，而且还会挫伤多数人的积极性。因此，校长要一手抓建立健全各项规章制度，一手抓严格执行。要知道，赏识、表扬是激励，批评、处分也是激励。只有赏罚严明，才能确保学校工作沿着正确的轨道健康发展。

陶艺坊与历史室的启示

　　陶艺坊和历史室的作用，在于激发学生的兴趣和爱好，培养学生的动手能力和独立思考能力。从这一点上说，这所中学的校长具有深远的战略眼光，抓在了根本上。

　　到南方一所中学参观学习，校长介绍情况后，特意带我们参观了学校的陶艺坊和历史室。

　　一进陶艺坊，就看到同学们正聚精会神地制作陶艺品。有的制作各种小动物，有的制作各种生活器皿，虽不精致，但很认真。指导老师毕业于景德镇陶艺学校，充满青春活力的他这里转转，那里看看，一会儿说，一会儿做，像中学其他学科的老师一样认真严谨。他向我们介绍说："同学们很喜欢制作陶艺，每天到这里来的有一百多人，现在的困难是满足不了同学们的要求。"我问一位同学："是你们自愿来的，还是学校统一组织来的？"他说："自愿来的。"我又问："影响不影响学习？"他好像有点奇怪，握着手里正在制作的陶泥冲我笑笑说："怎么会影响学习呢？"看来，同学们对陶艺坊很感兴趣。

历史室设在一间教室里。一进去，犹如置身于中国古代历史殿堂，从北京猿人到秦代兵马俑，一直到鸦片战争，历史教科书里的主要内容在这里都可以找到。在表现形式上，有模型，有绘画，有图表，有说明。正中间的橱窗里，摆了许多调查报告，我拿起一份《计算机发展史》的报告，是三位同学合作写的，六十多个页码，从中国的算盘写起，一直写到当代最先进的计算机。历史老师发现我看得很认真，主动介绍说："这些调查报告都是老师列出题目，提供线索，同学们自己搜集资料，实地调查写出来的。"我为历史老师高兴，更为同学们高兴。因为他们不是死记一些历史知识，而是在运用知识。知识的价值在于运用，学习的目的也在于运用。

开辟一个陶艺坊，或者类似的活动室；设计一个历史室，或者类似的什么室，对于相当一部分中学来说并非难事。但是为什么很少见到？"非不能也，是不为也"，并不是做不到，而是压根就没想到。陶艺坊和历史室的作用，在于激发学生的兴趣和爱好，培养学生的动手能力和独立思考能力。从这一点上说，这所中学的校长具有深远的战略眼光，抓在了根本上。

这是我受到的启示。你呢？

一年一次创造发明展

　　一所小学每年搞一次创造发明展览，其目的不在于科技成果，而是培养一种精神——激发学生动脑、动手和敢于想象的创造精神。

　　有一所小学，每年要搞一次创造发明展览，已经连续搞了五年。一年一次创造发明展成了这所小学的突破口，由此带动了学校的全面工作，受到社会的好评。

　　我去参观时，正遇上展出。利用双休日，全校师生及家长都来参观。那场面，比过年过节还热闹，来来往往，说说笑笑，有的聚精会神地观看，有的满脸喜悦地评说，自信和兴奋写在所有学生和家长的脸上。

　　校长领着我来到一个展室，全是二年级学生的作品。一把雨伞引起我的好奇，这不就是一把普通的雨伞吗？怎么算创造发明呢？校长看出我在疑惑，详细解释说，这是一个二年级女同学的发明。起因是这样的：一天，她打着雨伞来上学，由于风雨交加，大风把雨伞吹得摇来摆去，结果还是淋湿了衣服。她想：能不能有一个既防风又避雨的伞？中午回家后，她在雨伞上剪了三个小圆洞，又向妈妈要了一块和雨伞布相同的布，在三个小洞上缝了一块小布帘儿。下午上学时，仍然风雨交加。风一来，吹起了伞上的三个小"门帘"，又从三个小圆洞吹了出去，雨伞没有摇来摆去。风过后，"门帘"落下来，挡住了雨水，经过这样的改装，雨伞既防了风，又避了雨，因此叫作"防风避雨伞"。我赞叹道：实践出真知，实践出创造，实践出人才！并且隐隐觉得小爱迪生、小牛顿就在这些小学生中间。

回到办公室，校长说学校每年要搞一次创造发明展览，老师、学生都参加。项目、材料、工具、制作以及说明，全由师生独立思考，独立完成，学校的工作是统一组织，提供展室，利用双休日，由学生带着家长到校参观。

"就这么简单?"我疑惑不解地问道。因为在我看来，创造发明是很神秘的，这是一项全校性的很复杂的工程。"就这么简单。"校长很轻松、很明确地告诉我。

后来我想，校长的回答是对的，不需要学校投入经费，不需要占用教学时间，学生把自己的小发明拿来一放，谁的作品谁说明，这有什么复杂的？但细细一想，这一简单的举措又蕴含着深远的意义，他们是在培养孩子们的动脑习惯，训练孩子们的动手能力，激发孩子们的创新精神。

临别时，我由衷地对校长说："不简单。"

每天抽出一小时

每天抽出一小时，到老师中去，到学生中去，在
交流中了解情况，在活动中增强情感，坚持下去，你
一定会觉得其乐无穷。

我当校长时，每天下午课外活动时间总要抽出一小时在校园
里散步，操场、食堂、宿舍、图书馆、家属院、教研室，有时还
到工会和老干部活动室下下象棋、打打扑克。走走，看看，听
听，说说，让我受益颇多。第一，听到看到了真实情况，它比会
上听到的要具体、实在。许多听不到的听到了，看不到的看到
了，启发自己去思考一些问题。第二，既得到了情况，又放松了
情绪，等于每天休闲锻炼了一小时。

建议校长们每天抽出一小时到老师中去，到学生中去，和他
们一起聊天，一起活动。时间长了，真正融入师生中，你会听
到、看到许多最基层的信息，觉得是一种最有效、最愉快的工作
方式。

每天抽出一小时难不难？能不能抽出身来？我的体会是并不
难，完全可以抽出身来。学校的主要工作是教师做的，学校的一

切工作都是为了学生。每天抽出一小时到担负主要工作的教师中，到自己服务的对象中，看看他们的活动，听听他们的呼声，聊聊他们的想法，不仅是重要的，而且是必要的。明白了这个道理，还有什么难的？还有什么比这更重要？

每天抽出一小时和师生聊天、活动怕不怕？会不会遇到议论？开始的时候，我曾经遇到议论，有人为此提出批评意见。我想，校长也是人，除了工作外，也需要休闲，需要活动，需要交流。过了一段时间，就没有议论了。大家看到学校布置的工作多数是他们同我活动中提到过的，反倒希望我每天到他们中间去，和他们一起活动，一起聊天。

每天抽出一小时到老师中去，到学生中去，在交流中了解情况，在活动中增强情感，坚持下去，你一定会觉得其乐无穷。

一年一次科研报告会

教育科研就是对自身实践的思考、总结和升华，从而认识事物的本质和规律。教育艺术来源于对学生的认识，对学生研究得越深刻，教育方法就越具体。

一所中学的校长告诉我，他们学校每年召开一次科研报告会，所有的老师和干部都参加，可以写成文章念，也可以列出提纲说；可以讲成功的案例，也可以说失败的典型。学校强调了以下三点：第一，人人参与；第二，人人说自己的亲身实践；第三，人人说，人人听，互相启发，互相学习。校长说，几年的实践证明，科研不仅改变着教师，也改变着学校。

由此，我想起了一次评审论文的情况。那次，我评阅了四百多篇论文，虽然不乏优秀之作，但相当一部分论文没有揭示出教育和教学的本质与规律。其中一个重要原因就是，没有理解什么是教育科学研究。其实，教育科学研究就是对自身实践的思考、总结和升华，从而认识事物的本质和规律。别人的研究成果可以借鉴、参考，但它毕竟是别人的，要真正提高自己，关键在于对自己实践的思考、总结和升华。成功了，原因是什么；失败了，教训在哪里，这就是成果。这所中学强调人人参与，人人说自己的亲身实践，抓住了教育科学研究的要害。否则，别人怎么说自己也怎么说，别人怎么写自己也怎么写，怎么能提高自己呢?

林业工作者科研的对象是树木，农业工作者科研的对象是作物，动物研究者科研的对象是牲畜、家禽，商业科研的对象是市场、营销……中小学教师科研的对象是学生。不研究学生的科研是浮浅的，隔靴搔痒，解决不了什么根本问题。所以，老师要研究自己的工作对象，了解学生的生理特点、心理特点和认识规律。除了这些共性的特点外，还要深入到每个学生，了解不同学生的个性特点、兴趣爱好、情感意志……教育方法与教育艺术，来源于对学生的深刻理解。对学生研究得越深刻，方法就越具体，针对性就越强。

校长要重视科研，这是办好学校的关键。

教师要重视科研，这是提高自己的关键。

如何做人

　　堂堂正正是做人的根本，也是校长如何做人的标准。

　　校长如何做人，归纳起来是三句话：堂堂正正做人，方方正正办事，勤勤恳恳从政。

　　我常想，学校是什么？学校是教人如何做人的地方。老师是什么？老师是引导学生如何做人的榜样。学生的做人靠老师引导，老师的做人靠校长带动。因此，学校能不能真正成为教育人、培养人的地方，关键在校长。

　　校长应该如何做人？堂堂正正是做人的根本，也是校长应该如何做人的标准。

　　我理解堂堂正正有三层含义。

　　第一，堂堂正正就是光明正大。怎么想就怎么说，怎么说就怎么做，想的、说的、做的始终一致。什么是真话？怎么想就怎么说。什么是实事？怎么说就怎么做。说的是真话，做的是实事，能做到真与实，是人的基本品质。

　　第二，堂堂正正就是敢作敢为。工作有成绩，是校长带领大家努力的结果，功劳应该记在群众的账上，不沽名钓誉；工作有失误，是校长计划不周，责任应该揽在自己身上，不文过饰非。顺境时有荣誉能让，是诚的表现；困难时敢于负责，是信的表现。能做到诚与信，说话就有人听，做事就有人跟。

第三，堂堂正正就是勤奋公正。一个人的事业心和责任感，全部体现在脚踏实地的工作上。勤奋是奉献，勤奋是美德。校长的事业心和责任感还表现在公正上。公正对待每一个学生，公正对待每一个教师，公正对待每一个家长。公正是胸怀，公正是善良。乐于奉献，与人为善，一定是一个受人们尊敬的人。

校长办公室在哪里

> 评价一所学校不是听说得怎样，而是看做得如何。

一位教育评价专家介绍，他评价一所学校主要是看，而不是听。因为看到的情况真实、深刻、全面，有助于分析判断，从而得出较为准确的结论。

为此，举了一个询问老师或学生"校长办公室在哪里"的例子。当问到校长办公室在哪里时，可能有三种情况：第一种，告诉你不知道，便扬长而去；第二种，告诉你在哪里，也扬长而去；第三种，引着客人，很客气地介绍给校长，然后礼貌地离去。第一种情况，说明校长与老师和学生的关系不十分亲密，也说明师生缺乏常规的礼貌修养；第二种情况，虽然稍好于第一种情况，但从另一个侧面说明学校应该重视和加强文明礼貌教育；第三种情况是最为理想的，既说明校长与师生有着亲密的友谊，又说明学校重视文明礼貌教育，有着浓浓的人情氛围。

当然，这是一个很典型，而且有着相当偶然性的例子。遇到第一、二种情况，不能以偏概全，从而得出否定校长与广大师生的结论；遇到第三种情况，也不能"一好全好"，从而得出全面肯定的结论。

不过，它从另一个侧面告诉我们，实际是评价的依据。一所学校的办学质量，并不是完全取决于校长的教育理念，而是取决于校长能否把自己的教育理念变为全体员工的教育思想和教育行为；并不是完全取决于健全的规章制度，而是取决于能否把各项规章制度落在实处；并不是完全取决于按部就班、井然有序，而是取决于适应发展的创新精神；并不是完全取决于教师单方面的热情、严谨，而是取决于全体学生的积极性和主动性。恩格斯说过："判断一个人当然不是看他的声明，而是看他的行为；不是看他自称如何如何，而是看他做些什么和实际是怎样的人。"我想，判断一个人是这样，评价一所学校也是这样。

一所中学的"学报"

一所中学办起了自己的"学报"，实践证明是推动了学校的各项工作。需要不需要办？要办难不难？下文回答了这些问题。

一位中学校长送给我一本杂志，戏称是他们学校的"学报"，让我看后提出意见。

我看过不少大学的学报，中学的学报还是第一次听说，也是第一次看到。粗粗一看，栏目还真不少："教坛英才"——宣扬本校老师的先进事迹；"教育新论"——介绍现代教育理念；"学科教改"——讨论各科教学改革；"争鸣探索"——发表各自的实践探索；"师生之间"——讨论如何研究与指导学生；"教案选粹"——摘登典型教案；"管理方略"——介绍现代管理理论；"他山之石"——推广外界的成功信息；"知识卡片"——选登扩展教师视野的有关知识……印刷不甚精致，但内容绝对丰富。

校长向我介绍说：我们的学报一季度出一期，已经坚持三年了，全是我们学校老师和干部的实践总结。所有老师都参与，写自己成功的经验，也写自己失败的教训，并且把外界的信息介绍给大家。学校聘请两位退休的老教师负责编辑、排版、校对。作为内部交流资料，我们的学报极大地推动了学校的各项工作。

我为这所中学的学报拍手叫好！

好在校长具有开拓意识，不迷信，不守旧，敢于创办中学的学报。困难是有的，特别是经费紧张。但是他克服了困难，办起来了，而且坚持了三年。

好在全体教师的参与，把自己实践中的体会升华到理性的高度加以总结，毫无疑问对每个教师都是极好的锻炼。自己的实践体会有了发表的园地，同事之间还可以相互交流，相互学习，这所中学的老师们一定会感到很庆幸，很幸运。

好在它不需要投入专门的人力，稿件由本校老师提供，编辑由退休老师负责，自己的事情自己办，这种劳动成果品尝起来更香、更甜。

他为什么架子大了

虚心是获取知识的源泉，谦和是相互沟通的桥梁。山外有山，人上有人。即使功勋卓著，也永远不要有架子。

他是一位教学效果非常优秀的教师，不到四十岁就被评为高级教师，深受学生和家长们的爱戴。老校长退休后，经民主推荐，他被任命为校长。在他的主持下，学校像拧紧了的发条，噔噔地向前发展。七年来，学校一年一变样，成了远近有名的学校。每年招生时，考上的学生兴高采烈，考不上的学生垂头丧气，他在人们心中的地位越来越高，来的人也越来越多。

可是，最近有人说他变了，常发脾气，常训人，课也带得少了，除了开会外，很少能见到他。总之是难以接近，架子大了。

我陷入了深思：做教师时没有架子，为什么当校长后就有了架子？工作没做好，思想有压力，会成为包袱。为什么要把学校办得很好也当成包袱背在自己的身上？"领导就是服务""领导是公仆"，这话讲了几十年，为什么做起来就那么难？摆架子的人敢和普通老百姓要架子，为什么不敢和能管了他的领导玩架子？

一旦从校长的岗位上退下来，成了一介平民，会不会还有架子？我想，如果能够认真地反思一下这些问题，架子大了的原因也就找到了。

互相理解、互相支持、互相尊重，是民主平等的基础，是社会文明的重要标志。在学校，尤其需要民主与平等，需要理解、支持与尊重。校长尊重教师，平等相处，调动教师的积极性；教师尊重学生，亲密无间，调动学生的积极性；学校尊重家长，民主协商，调动家长的积极性；社会尊重校长，全力支持，调动校长的积极性。有了这些积极性，我们的学校教育必将发生更加深刻的变化。相反，如果稍有成绩便骄傲自满、盛气凌人、大摆架子，必然会脱离群众。校长、教师、学生、家长、社会犹如一个链条，如果校长架子大了，整个链条就会因为失去一个环节而变得松松垮垮，形不成合力。

越是有知识、有能力的人，越是虚心、谦和。因为虚心是获取知识的源泉，谦和是相互沟通的桥梁。山外有山，人上有人。千万不要摆架子，即使功勋卓著，也永远不要有架子。

他的奖金是平均数

群众可以原谅校长在管理上出现的某些漏洞，但不能原谅校长在人格上的言行不一。人格就是威信。这种力量是无形的，却是有力的，也是永恒的。

一位老师告诉我，他们学校的奖金是根据工作实绩决定的。校长既没拿奖金的最高数，也没拿奖金的最低数，而是领着最高与最低奖金相加的平均数。说完，这位老师不无感慨地从心里迸出四个字：难能可贵。看来，老师们对校长的做法是赞赏和敬佩的。

我想，作为一校之长，他的奖金可以是最高数，因为他是校长，承担着学校的全部责任，付出的劳动最多；他的奖金也可以是最低数，还因为他是校长，在学校这块圣洁的土地上，他应该为全体师生树立一个人格的榜样。

这位校长为什么坚持领取学校奖金的平均数？其实仔细想想，他既领了奖金的最高数，也领了奖金的最低数。他在无声地告诉人们：现代社会必须实行多劳多得的分配制度。同时也提醒人们：任何单位的领导人，在物质利益面前必须严于律己。

由此，引发了我对《论语》上一句话的思考：《论语》说："政者，正也。"作为校长，只有光明磊落，正直、正派、正义，才能赢得教职工的信任。一旦群众认为跟着这样的校长不仅舒心，而且放心，思想上有了安全感，他们就会把全部精力用在工作上。如果一事当前，先替自己打算，自私自利，患得患失，这样的校长是不会有什么号召力和影响力的。群众可以原谅校长在知识上的不渊博，也可以原谅在管理上出现的某些漏洞，但不能原谅校长在人格上的言行不一。所以，办好一所学校，校长首先应从自己做起，用人格的力量去影响和带动大家。人格就是威信。这种力量是无形的，却是有力的，也是永恒的。

由此，也引发了我对享受生活的思考：人的生活包括物质与精神两个方面。丰富多彩的物质生活是享受，充实高尚的精神生活也是享受。人不能没有精神生活的享受。但享受什么样的精神生活却是大相径庭的。真正的精神享受是尊重别人与受人尊重。这位校长领的是奖金的平均数，尊重了别人，正因为如此，他也受到了别人的尊重。他才是真正会享受生活的人。

老校长的追求

校长要把善于学习和获取信息作为一种追求。因为信息是资源，信息可以创造财富。

在《德育报》举办的中外教育专家报告会上，我遇见了已经退居二线的刘校长。见他有点疲惫，一问，才知道他是坐了七个小时火车刚刚赶来的。出于崇敬之心，我紧挨着他坐下来，等待报告会开始。

整整一个上午，我发现他是专心地听，认真地记，没有一丝倦意。一个年近六旬的人、一个退居二线的校长，对学习如此执着，他的追求是什么？大概看出了我的心思，他冲我笑了笑，然后缓缓地进出六个字："听听好，有用处。"直到此时我才看到了他的内心世界，明白了他的追求：虽然身退二线，但心并没有离开学校，他的心思仍然坚守在他所钟爱的教育事业上。

优秀的现代管理者是非常重视信息的，他们根据信息的变化，不断调整决策，组合力量，所以才取得了良好的效益。时代发展到今天，信息已经成为一种宝贵的资源。忽视信息的收集、筛选和利用，无论从事什么职业活动，都是跟不上时代的，有时甚至一事无成。

校长应该重视学习，吸纳信息，充分利用信息资源，不断调整自己的思维，联系实际，改进工作。校长获取和利用的信息一方面是学校管理中反馈的直接信息，比如学校决策的落实情况，教学改革中的师生动态，家长、社会对学校的反映……另一方面是透过电视等媒体的间接信息，比如书报杂志、广播电视等媒体传播的信息和学术会、研讨会、报告会传播的信息。直接信息是重要的，就在自己的眼皮底下，不吸纳，不分析，不改进，会挫伤师生的积极性；间接信息同样是重要的，它是别人通过实践积累起来的可贵财富，接受过来，联系实际，加以利用，不仅可以少走弯路，而且可以尽快见到成效。

如果说获取信息靠的是勤奋，那么利用信息则靠的是勇气。现代社会之所以是信息时代，就是说谁获得的信息量大，谁就拥有丰富的资源；谁敢于大胆利用信息，谁就会创造更多的财富。

播种善意　收获自信

　　自信比什么都重要，它是成功的基础。从自信抓起，促进学生的健康成长。

　　一所中学在校园的最显眼处写着八个大字：播种善意，收获自信。这是校风？还是校训？我注视着八个字思考着。校长看出我在疑惑，解释说：这是提醒老师，比传授知识更重要的是关爱学生。如果我们的老师都能发自内心地播种善意，收获到的将是学生的自信。自信比什么都重要，它是成功的基础。

　　噢，我懂了，原来这大大的八个字是一种观念。有人说，校长对学校的领导实质上是教育思想的领导。还有人说，观念指导行动。看来，这位校长是用一种新的教育观念指导着教师的行动。

　　学生健康成长的条件是多方面的，有社会环境的影响，有家庭父母的感染，有学校教育的作用，但最根本的是学生自己，是学生的内在因素。

　　在学生的诸多内在因素中，自信心是起决定作用的。学生也是人，也和成年人一样。如果没有自信心，怀疑自己的能力，自己看不起自己，必将一事无成；如果信心十足，相信通过努力可以实现自己确定的或老师指出的目标，那将会充满成功的希望。所以，从自信抓起，促进学生的健康成长，实在是有远见卓识的教育观念。

教育的本质是通过各种教育教学活动对学生进行做人的教育。做什么样的人，如何做人，自信是基础。只有自信，才有自尊、自爱、自强。只有自信，才会尊重他人，关爱社会，为了国家的命运自强不息。

仔细观察，学生都有着争强好胜的自信心，每个学生都有着值得欣赏的可爱之处。作为老师，要谨慎地对待和保护他们的亮点，审视自己的一言一行、一举一动，千万不能看不见学生的亮点，更不能扑灭了学生的亮点。善待自己，善待学生，善待家长，善待社会，坚信播种的是善意，收获到的必然是自信。

钱能换来安定吗？

　　两记耳光，伤害了一颗富于希望的心灵，埋葬了一个朝气蓬勃的青春，教训是深刻的。痛定思痛，学校的安定团结、健康发展，必须靠校长的教育思想、教师的职业道德和师生员工的法律意识。

　　近看电视，有如下一则报道：

　　一学生被班主任打了两记耳光，经医院诊断为耳膜穿孔。家长找到班主任，班主任把过错推给学生。找到校长，校长把责任推给班主任。几个月后，学生该返校了，但挨打的阴影始终挥之不去，恐惧、羞涩、苦闷、忧伤伴随着学生的日日夜夜。而直到此时，学校仍然固守"规矩"，没给学生一个返校的机会。又是几个月过去了，学生终因极度苦闷，患上了心因性精神病，不得不入院治疗。家长多次找学校，均遭拒绝。万般无奈之下，家长把学校告上了法庭。经过法庭几次审理，最后做出判决：班主任打学生，侵犯了学生的人身权利；心因性精神病与学生被打有直接关系，学生的住院费、治疗费等由学校负责。

　　在严正的法律面前，学校应该清醒了。但当记者采访校长时，校长却说："我们已进入学生毕业和升学复习考试阶段，学校需要安定，拖不起了，服从法院调解。"

听到校长这样说，我震惊了！钱能换来安定吗？

也在此时，学生的父母痛哭流涕地告诉记者：几十万也换不来孩子的青春！听到父母这样说，我的心滴血了！

法律面前，学校输了，输的不是金钱，而是作为一个教师应有的职业道德，是作为一个公民应有的法律意识，是作为一个校长应有的教育思想。

钱是换不来安定的。科学的态度应该是：校长要有正确的教育思想，明确学校是教人如何做人和做什么样的人的地方，教职工是为学生的健康成长服务的，两记耳光伤害的是一颗富于希望的心灵，埋葬了一个朝气蓬勃的青春。教师要有良好的职业道德，明确师生平等的极端重要性，尊师爱生首先是关爱学生，只有尊重学生才能得到学生的尊重。师生互相尊重是学生成长的需要，是教育事业的需要。所有教职工都要有法律意识，学法、知法、守法，既要用法律保护自己，又要用法律保护学生，让学生在法律保护下健康成长，让学校在严格执法中顺利发展。

依法治校，以德治校，学校才会安定团结，兴旺发达！

多一些善意微笑，少一点职业面孔

　　善意微笑是谦虚、和蔼、宽容、关爱的表现，学生需要微笑。冷漠无情的职业面孔，是人为地在师生之间挖了一条沟，筑了一堵墙，吓跑了学生，也孤立了自己。

　　送魏书生老师返程时，在机场吃了一顿便饭。用餐间，魏老师对一位青年教师说了许多肯定和鼓励的话，末了，建议这位老师多一些善意微笑，少一点职业面孔。

　　魏老师没有说什么是职业面孔，我想那是不需要说明的。有的老师与家人、同事、朋友在一起的时候，有说有笑，活泼得简直像个孩子，可是一旦面对自己的学生，原先的脸便"晴转多云"，变得冷漠威严。后者就是职业面孔。本来是一副脸，为何变成了两副脸？理由是师生有别，在学生面前，应有老师的威严，随便了会降低威信。

　　由此我想起了一家酒店招收员工的条件：微笑。经理说，员工微笑服务，不是个人和酒店的需要，而是顾客和社会的需要。

　　微笑服务——社会需要，想得多么深刻，说得多么直接。试想，如果人与人之间都能以诚相待、彬彬有礼，那世界将是多么美好。正像《爱的奉献》那首歌所唱的：只要人人都献出一点爱，世界将变成美好的人间。

善意微笑是谦虚、和蔼、宽容、关爱的表现，给人以诚实可信的亲切感。对于这样的老师，学生愿意亲之近之，敢于吐露内心秘密。如果一见学生就换成了职业面孔，变得冷漠无情，甚至怀有敌意，那是人为地与学生之间挖了一条沟，筑了一道墙，吓跑了学生，也孤立了自己。

职业面孔的本质是一种职业病，既不能正确对待自己，又不能正确对待他人，正因为如此，才会高高在上、盛气凌人。所以，正确对待自己，正确对待他人，才能减少直至消除职业面孔。

校长要认识自己是为教师服务的，只有亲切和蔼、善待教师，才能换来教师的积极性和主动性；教师要认识自己是为学生服务的，冰冷的面孔会吓跑学生，善意的微笑会使学生贴得自己更近，跟得自己更紧。

一年改造一片

　　有心走路山成路，无心走路路成山。困难是存在的，但是只要应该做、想去做，总有解决困难的办法。

　　这是一所边远山区贫困县的中学，八年前我来过，这次再来，校园变了，变得实在让人振奋。

　　一进校门的那片开阔地，原先是块黄土地，下雨，泥泞难行；刮风，尘土飞扬。现在变了，用耐火砖铺成了一个小广场。正对校门，还立起了一尊雕塑：人造石山上站着一只振翅欲飞的雄鹰。大路小道全用废弃的砖石铺得平平整整，两旁种着适合当地生长的树木花草。四百米跑道的大操场，如今全用黄土、石灰、炉碴掺和起来的"三合土"铺得平平展展，四周种着从当地山坡上移植来的草皮。教室还是那座三层楼房，八年前我来时，墙皮脱落，门窗破损，走廊过道纸屑遍地，痰迹斑斑。这次我再来，已经"旧貌换新颜"，墙壁洁白光亮，门窗油漆一新。各班教室在班主任的引导下，充分发挥学生的想象力和创造力，布置得既富有教育意义，又具有各自特点。看看学生的脸，个个都写满了希望。学校不算现代化，但整洁、优美、朴实、大方。

校长是位四十多岁的中年人，原先是这所中学的教师，五年前当了校长。他告诉我：环境很重要，它反映着人的精神状态。

我问他："这要有不少的投入吧？"他笑笑说："我们是一分钱掰成两半花，社会资助一点，学校挤一点，师生参加义务劳动，一年改造一片，主要靠大家的力量。比如，铺地的砖是耐火材料厂废弃的不合格产品，雕塑是一个现在搞美工装潢的校友自己设计、自己投资完成的，操场是师生义务劳动了三个月才平整好的，树是苗圃赠送的，草是从山上采来的。毛泽东主席说'自己动手，丰衣足食'，我们现在真正体会到了。"

看到我不住地点头，校长非常真诚地告诉我："只要应该做、想去做，办法总比困难多。"我被校长所感染，突然想起一句民间谚语："有心走路山成路，无心走路路成山。"困难是存在的，但是只要应该做、想去做，总有解决困难的办法。

椅子拴在桌子上

精神状态决定环境面貌，环境面貌反映精神状态。要改变客观环境，首先要改变主观世界。精神状态是十分重要的。

有一年，我陪一位省领导下乡调研。路过一个县城时，他突然提出拐进这个县的一所中学看看。我有点儿嘀咕，因为这是事前没有安排的。

来到学校，已经是下午五点多钟了，我们直奔教学楼二层，因为校长办公室和各教研组都在二层。走廊里静静的，看来已经下班了。正走着，突然从一个房间里传出喧闹声。推门进去，原来是十多个人围在一起下象棋。有的坐在桌子上，有的蹲在椅子上，有的说该跳马，有的说必须出车，互相争执，各为其主。双方"战斗"很是激烈，对于我们几个"不速之客"竟无人问津。我问道："校长不在?"一位观棋者头也不抬地答道："开会去了。"我又问："副校长呢?"另一位说："如果不在办公室，那就是回家了。"我拉一把椅子准备让省领导坐下，拉不动。一看，原来是用一根铁丝拴在桌子上。再看看别的椅子，全都如此，各拴在各的桌子上。我想，这样做可能是怕丢失。再想想，过去肯定经常丢失椅子，否则不会把椅子拴在桌子上。

我们那位省领导很有涵养，笑了笑示意我们走吧。

出了教学楼，我们向学校的后院走去。没走多远，看见路边有一个用砖垒成的方池子，上写"垃圾7"三个字；再走了一段，又有一个同样的池子，上写"垃圾9"三个字。我明白了，这是准许倒垃圾的地方，并且是第七号和第九号。至于全校共有多少堆垃圾的地方，我们没有走完全校，不敢胡说，但这个学校至少有九个倒垃圾的地方。

上了汽车后，我们向目的地进发。车上，省领导只说了一句话："精神状态决定环境面貌，环境面貌反映精神状态。唯有客观才是真实的。"我理解他的意思，人既可以改变主观世界，使自己成为一个有益于社会的人；又可以改变客观世界，创造一个适宜于生活的良好环境。但是，要改变客观世界，首先要改变主观世界，精神状态是十分重要的。

所有老师都给学生写评语

所有老师都给学生写操行评语是一项改革，它的作用是现实的，意义是深远的。

山西省实验中学规定，所有老师都要给学生的操行评定写评语。

过去，任课老师没有给学生写操行评语的任务，于是便形成了这样一种习惯：任课老师只负责本学科的教学，只关心所任学科的学习情况，至于学生的思想、品德、心理规律、生活、劳动、健康……则是班主任的事。不担任班主任的任课老师发现学生在思想、品德方面的问题后，有的不加以及时教育，而是告诉班主任，有的甚至视而不见，听之任之。这种事实上存在的教书与育人两张皮的现象是比较普遍的。

所有老师都给学生写操行评语是一项改革，过去单由班主任做的事变成了所有任课老师的事，大家齐心协力，有助于学生的全面、健康成长。护花不能单靠种花人，它需要所有人的精心关爱与呵护。这项改革的意义远不止是写写评语，而是确立一种观念：所有老师都是为学生服务的——为学生的全面发展服务的。

　　所有老师都给学生写操行评语是一种责任，评语如何写，如何对学生做出全面、客观、公正的评价，如何激励学生的上进心，如何艺术地指出学生需要克服的缺点，所有这些，不了解、不研究学生不行，不加强学习、不提高自己也不行。说它是一种责任，倒不如说是一种观念：评语的目的在于激励，让它成为学生发扬优点、挖掘潜能、克服不足、奋发向上的动力。

　　所有老师都给学生写操行评语是一种沟通，老师要写出恰如其分的评语就必须接触学生、了解学生、研究学生，师生之间就有了更加广泛的沟通机会。这种沟通仍然是要确立一种观念：师生沟通是两代人情感的交流，心灵的碰撞。沟通是双向的：老师从学生那里得到蓬勃向上的朝气，学生从老师那里得到如何做人的营养。

　　所有老师都给学生写操行评语是一项改革，它的作用是现实的，意义是深远的。

创新与钻井

抓住社会发展的需要，抓住学生成长发育的特点，像钻井那样，坚持不懈地分析研究，发现了新问题，积累了新办法，改进了工作，促进了学校发展，这就是创新。

最近参加一个学术报告会，一位专家讲到创新时，形象地说：创新好比钻井，钻得越深，发现的新东西就越多，对新的东西加以开发、利用就是创新。

开始，我不理解，创新与钻井怎么能联系在一起？细想，有道理，真是绝妙的比喻。勘探队通过勘探，查明了矿藏的分布情况，测量出矿体的位置、形状、大小、成矿规律、岩石结构、地质构造……于是在一片片普普通通的土地上出现了座座金矿、银矿、铜矿、铁矿、煤矿、油田，这就是创新。没有钻探就不会有创新。

学校教育是需要创新的工作，因为时代在发展，学生在变化，教学内容在更新，如果以不变应万变，仍旧是一种思维、一种方法，不敢创新，终归只能被淘汰。

但是，教育创新既不是空穴来风、想入非非，也不能人云亦云、随波逐流，必须认准教育规律，像钻井那样，坚持不懈地试验、总结，最后才会有新的发现。

什么是教育规律？我以为教育规律就是学生的成长发育规律，就是如何根据社会发展的需要与学生成长发育的实际来培养学生的规律。比如，社会发展需要既有知识又有能力的人，我们就不能仅仅停留在单纯传授知识的层面上，而应该研究如何根据学生的年龄特点和认识规律去转化知识，研究如何通过教育活动和教师示范去培养学生的能力。社会发展需要适应能力、竞争能力和创造能力都很强的人，我们的教育教学内容就不能局限在狭小的范围内，而应该研究学生的心理，重视学生智力因素与非智力因素的开发，使学生逐步形成健康的心理。

所以，抓住社会发展的需要，抓住学生成长发育的特点，像钻井一样，坚持不懈地分析研究，发现了新问题，积累了新办法，改进了工作，促进了学校发展，这就是创新。

平常心

把眼睛向内，改变自己，适应社会，就是平常心。平常心是良好的心理品质，教育需要平常心。

一位校长的办公室挂着一幅装裱精美的书法，上面写着八个苍劲古朴的篆字"宠辱不惊，身正无愧"。我想这位校长是提醒自己要保持一颗平常心，顺境时，不骄傲自满，忘乎所以；逆境时，不悲观失望，一筹莫展。

最近，听魏书生老师的报告，他也讲到要有平常心。他说："一个人活在世上，重要的是守住平常心。永远不要忘记，即使自己做了一万件好事，立了一万个功劳，咱也只不过是苍茫宇宙中一颗小小星球表皮上的一个微生物。"人不能没有欲望，但如果"欲望不加以限制，人就会永远痛苦，永远享受不到快乐"。快乐是什么？快乐在哪里？他说："承认有些东西得不到，才能学会放下。放下求之而不得的东西，拿起眼前可为的平平凡凡的事业，不怕别人瞧不起咱，咱自己得瞧得起自己。全身心钻进去，看到里面的无限广阔，发现它深层的规律，会越干越高兴，越干越快乐。"有的人心静不下来，工作钻不进去，浮躁不安，见异思迁，常常因"怀才不遇""大材小用"而牢骚满腹、怨天尤人，活得很痛苦。原因是什么？如何才能不痛苦？魏书生主张"眼睛向内，改变自己"。他说："人要处理好与社会的关系，首先要学会适应环境，适应社会，而不是让环境与社会适应自己。""埋怨环境不好，常常是我们自己不好；埋怨别人太狭隘，常常是我们自己不豁达；埋怨天气太恶劣，常常是我们自己抵抗力太弱；埋怨学生难教育，常常是我们自己方法不当"，因此，要多改变自己，少埋怨环境。这就是平常心。有了平常心，生活是享受，工作是享受，整个人生都是快乐的享受。

平常心是一种良好的心理品质，它与安于现状、得过且过完全是两回事。前者是积极的，改变自己，适应社会；后者是消极的，悲观厌世，随波逐流。

现代社会是一个竞争的社会，竞争需要平常心。每个人都有自己的理想，实现理想需要平常心，需要怀着一颗平常心去奋斗。

漫谈校园文化

（一）

校园文化是一种重要的教育资源。它不需要太多的经费投入，但需要用心灵去营造。

校园文化具有育人的功能。这种功能比空洞的说教和强行的压制作用更大，影响更深远。

吃饭有"食文化"，饮酒有"酒文化"，穿衣有"服饰文化"，厂矿有"企业文化"，甚至石头还有"石文化"。可见，文化无处不在。

什么是文化？人类在社会发展进程中创造的所有物质财富和精神财富就是文化。虽然它是特指精神财富，如文学、艺术、教育、科学……但是随着社会的发展与进步，精神化了的物质设施也是文化，如体育界的"足球文化"，商店里的"商业文化"，家庭里的"家庭文化"，建筑业的"装饰文化"……可见，文化意味着健康、高雅和向上，代表了情趣、理念和追求，文化是一种资源和财富，是一种气氛和环境，是一种激励和力量。

学校作为培养人、教育人的地方，既传播和创造精神财富，又传播和创造物质文明。学校也有自己的文化，这就是"校园文化"。

由文化构筑的环境具有激励和约束双重作用，熏陶人的灵魂，感染人的心境。人在不同的环境里心情是不一样的，受到的教育和感染也是不一样的。在一个庄重、整洁、肃穆的环境里，谁也不敢嬉笑打闹、随便吐痰、乱扔纸屑。为什么？环境的约束作用。在一个群情激奋的环境里，你也会热血沸腾、兴奋不已。为什么？环境的激励作用。"近朱者赤，近墨者黑"，说的就是环境的作用。昔日孟子的母亲为什么数次搬家？就是为了选择一个有利于孟子健康成长的环境。所以，重视校园文化建设，营造一个有益于学生成长的环境，应该成为所有校长的共识。

我们经常说要充分挖掘和利用资源，其实校园文化就是一种重要的教育资源。它不需要太多的经费投入，但是需要用心灵去营造。"让每一面墙都会说话"，"让每一条路都能使学生受到感染"，就是说精神化了的物质设施具有育人功能。这种功能比空洞的说教和强行的压制作用更大，影响更深。

校园文化每时每刻都伴随着学生和老师。校长应该像重视教师队伍建设一样重视校园文化建设，因为这是一位永远能给学生树立榜样和提供精神财富的"老师"。

（二）

师生的精神面貌是校园文化的核心和灵魂。校长有什么样的精神面貌，师生就有什么样的精神面貌。

师生的精神面貌是校园文化的核心和灵魂。

老师的精神面貌决定学生的精神面貌。有人说"老师是学生的镜子，学生是老师的影子"，形象而深刻地说明了老师对学生的影响、感染和熏陶的力量。学生入学后，逐渐把他们崇敬、信赖和依靠的对象由父母转移到老师身上。在他们看来，老师是神圣的，老师的话总是正确的，老师让做的事总是应该的。渐渐地，他们又把对老师的尊敬和依赖迁移到模仿上，模仿老师的言行举止，模仿老师的待人接物，甚至模仿老师的衣着打扮、面部表情、习惯动作、说话声调和书写特点。仔细观察，绝大部分人都留有上学时老师的影子，这些影子是老师思想意识的延伸，行为习惯的延伸。既然这样，老师在如何做人上必须给学生树立一个良好的榜样，这是中国教育的传统，也是世界教育的潮流。

如何为学生树立榜样？还是那句老话说得好："喊破嗓子，不如做出样子。"我们可以为树立榜样总结许多方方面面，但最要紧的一条是：凡是要求学生做到的，老师首先要做到；凡是要求学生不做的，老师首先不做。这样，你说的话才有人听，你做的事才有人跟。

校长的精神面貌决定老师的精神面貌。一个雷厉风行的校长，必然带出一支令行禁止的教师队伍；一支说干就干的教师队伍，必然带出一批血气方刚的学生。校长强烈的事业心和责任感，会引导老师严谨治学；老师严谨的科学态度会感染学生养成刻苦认真的求实精神。相反，如果校长无所事事，拖拖拉拉，它会像瘟疫一样传染给老师；如果老师不负责任，吊儿郎当，毫无疑问会感染学生，使学生变得不求上进，得过且过。

所以，学校的精神面貌取决于校长的精神面貌。"强将手下无弱兵"。强在何处？不在口头上，不在表面上，而在身体力行上。"其身正，不令而行；其身不正，虽令不从。"看来，构筑校园文化的核心和灵魂——精神面貌，首先要从校长做起。

（三）

环境调整情绪，环境约束行为。

改造你生存的环境，实际上也是改造自己。

1992年我到美国访问时，参观了不少大、中、小学校。每到一所学校，都深深被校园环境所吸引。整洁的道路、笔直的树木、盛开的鲜花、青青的草地，以及一面面不加修饰、朴实自然的墙壁，好像赋予它们以生命一样，各在各的位置上，启发人们思考，激励人们向上，引导人们向着一个理想的目标奔跑。当时的感觉是：走进学校，就自然而然地把自己融入了校园环境中，环境调整你的情绪，环境约束你的行为。我想，这就是环境的育人功能。

我们经常说要充分挖掘和利用教育资源。什么是教育资源？

教师、设备是重要的资源，校内的一草一木、一砖一瓦也都是教育资源，每一条路，每一株树，每一面墙，每一枝花，每一块草地，都具有育人功能。绿树成荫的小道可以净化心灵，整洁优美的环境可以陶冶情操，婀娜绚丽的花坛可以唤起美感，平整宽阔的操场可以激起斗志，这就是环境的功能，是其他任何说教都无法替代的功能。

教室是师生学习、活动的主要场所，浓厚的教室文化可以熏陶学生，也可以感染老师。教室是学生的教室，如何布置应该调动学生的聪明才智。有的老师在教室的布置上一学年更新一次，先由学生设计方案，全体同学评审、修改后，再指导学生亲自完成。这样的教室，体现了学生的青春活力，为学生喜闻乐见。公寓是学生休整的港湾，积极向上的陈设、幽雅整洁的卫生状况，自然有益于学生的身心健康。有的学校把统一管理和以室为单位的自主布置结合起来，既注重统一管理，又重视个性的多样化，学生进公寓，像回到了家。有人是这样形容图书馆的：如果把学校比作皇冠，那么图书馆就是皇冠上的宝珠，可见图书馆的分量。图书馆是学生的精神食堂，他们在这里不但应该汲取营养，而且应该受到感染，这就是图书馆文化。餐厅、走廊、实验室、教研室也都应该富有文化内涵，使学生受到启发，或激励自己的活力，或约束自己的言行。

一位哲人说过："改造你生存的环境吧，这实际上也是改造自己。"

（四）

校长要重视舆论文化。因为积极的舆论激励人们向上。

走进山西通宝育杰学校的校门，首先映入人们眼帘的是教学楼悬挂着的十三个金光大字："做有中国灵魂有世界眼光的人"。通道两旁是孔子、达尔文等八位中外名人的塑像，他们好像在与学子们诉说着什么。进入楼内，两行大字赫然耀眼："现在做好身边的小事，将来做好国家的大事。"走廊里悬挂着中外名人的画像、警句，还有学生的书法和绘画作品。各班教室布置得丰富多彩而清淡典雅。置身于这样的环境，犹如雨后呼吸着清新的空气，让人心旷神怡。校园里，设有多处阅报栏，报架旁写着"小小窗口，大大世界""点点滴滴，知识成海"。几处壁挂电话旁边的墙上都有一行醒目的小字"有困难找自己，学着长大。"水管旁，洁白的墙告诉你"太原市严重缺水，千万别浪费"。草坪边、花池旁都有饱含人情味的告示"谢谢小朋友对我们的爱护"。餐厅正面墙上写着"为了建设祖国，吃好营养配餐"，提醒同学们不要挑食。南、北两面墙上写着"农民伯伯、炊事员叔叔多辛苦呀，我们绝不浪费粮食"。操场上，周围的墙壁设有几块大黑板，上面写着"这里是你们的天地，跳吧，跑吧，画吧，写吧，给想象插上翅膀，让智慧扬起风帆"。校门口，有一块大牌子，上面写着"如果您不随地吐痰，不在校园内吸烟，您将受到全校师生的敬重"。多么通俗易懂，多么富有人情味！这里没有"不准"

"不许""严禁""罚款"一类的生硬警告，但任何人置身于这样的环境都会尊重他人、尊重自己。

已是课间活动时间了，校园里响起了中外名曲选段。校长说，这是学生成立的广播室，内容自己采编，曲目自己选择，在老师的协助下，管理得井井有条。说话间，五个佩有"小记者"胸卡的同学出现在我们面前，有的扛着摄影机，有的拿着照相机，有的拿着笔记本，做派、问话还真像正式记者。看着他们天真活泼而又一本正经的面孔，我想：十多年以后的他们，一定是大有出息的一代。

两个多小时的参观结束了，坐在办公室，我好像受到一次心灵的洗礼。那些激励的话、忠告的话、尊重的话不时浮现在脑海。我想这就是舆论文化。

看《对话》的联想

　　播撒尊重、理解、关心、爱护的种子，开放信任的花朵，收获的是团队精神。

　　我爱看中央电视台的《对话》节目，因为那里面不仅饱含着辛酸，而且充满着挑战；不仅显示着荣耀，而且闪烁着智慧；不仅代表着成功，而且体现着希望。每看一次，我都激动不已，驱使我去想些什么，做些什么。

　　有一次《对话》讨论的主题是"团队精神"。两位嘉宾都着力打造企业的团队精神，并把它视为成败的关键。为了提高节目的可视性，主持人还特意设计了一个游戏：本企业的二十位员工分两行站立，手挽手形成一个平台。他们的老总站在一米多高的桌子上，背对着手臂搭成的平台，双手被绑，置于胸前。口令一下，老总仰面朝天倒下来，正好落在他的员工们用手臂搭成的平台上。我发现，两位老总从走上桌子到笔直地倒下来，谈笑风生，十分坦然。他们的员工从手拉手搭成平台到接住老总，全神贯注，非常尽心。我好佩服啊！这就是团队精神。

　　团队精神是建立在相互信任的基础上的，是心与心的沟通，情与情的交流，有苦同吃，有难同当。成功了，每个人都觉得荣耀；失败了，所有人都敢于承担责任。这就是信任，是任何行业都不可或缺的精神财富！

由此，我联想到一个"人情反定律"。它是这样表述的："领导越把我们当人，我们越把自己不当人；领导越不把我们当人，我们越把自己当人。"什么是"当人"？就是尊重、理解、关心、爱护。群众如果能够得到这些，即使再苦再累，也毫无怨言；如果得不到这些，那就只有在万般无奈下自己关心自己。如果单位缺了团队精神，人心涣散，还谈什么发展？还有什么希望？

由此，我联想到了学校。学校是个团队，从校长到每个教职工都是团队中的一员。所有的人都全力以赴了，学校才能充满活力。班级是个团队，从所有任课教师到每一个学生都是团队中的一员。教师尊重每一个学生，学生的主动性、积极性调动起来了，班级才会生机勃勃。因此，在学校、在班级，都要大力倡导团队精神。

学校能否形成团队精神，关键在校长。"种瓜得瓜，种豆得豆"的道理很简单，播种什么收获什么。校长播种的是重视、理解、关心、爱护，收获到的必然是信任。如果能这样，团队精神就有了基础，学校就充满了希望。

是好箭就要放出去

获取信息靠勤奋，利用信息靠勇气。

信息时代的一个重要特点，就是信息量大，传播的渠道多而且快捷。作为一种资源，信息的快速传播正在改变着人们的观念，指导着人们的行动，推进着社会的飞速发展。

校长获取信息的渠道是多种多样的，参加各种研讨会、学术报告会、进修培训、参观考察以及广播、电视、书籍、报纸、杂志、网络……教育信息是重要的教育资源，它是在实践后总结出来的宝贵的精神财富。努力获取教育信息，可以充实自己，拓宽思路，结合实际，改进工作。校长要善于获取信息，把勤奋学习、充实自己作为一种观念，养成一种习惯。特别是当自己空虚的时候，没有办法的时候，恰恰是急需学习、急需信息的时候，要通过各种渠道和实地的调查研究去获取信息。勤于学习，善于获取信息，是现代社会对校长的基本要求。

获取信息的目的是为了利用信息，促进工作。如果说获取信息靠的是勤奋，那么利用信息则靠的是勇气。校长要有利用信息的勇气。勇气来自对工作的责任心，对实际情况的全面了解，对教育规律的深刻认识。有的校长参观学习后激动不已，连声赞叹"好经验，好做法"，但是回校后依然如故，不敢大胆地把获取的信息付诸实践。这种把参观当作时髦，把信息当作摆设的形式主义，一害自己，二误工作，是十分有害的。

利用教育信息是建立在对教育规律的深刻认识和对学校实际的全面了解的基础之上的，决不能人云亦云，照抄照搬。所以，校长既要重视获取各方面的教育信息，更要重视学习研究教育的本质特征与客观规律，重视对本校实际情况的调查与研究。只有这样，才能勤奋地获取信息，勇敢地利用信息。

信息社会是一个挑战与机遇并存的社会。校长要重视教育信息，利用信息资源，是好箭就要放出去，让它在自己的校园里生根、开花、结果。

关注学生的心理健康

（一）

重视学生的心理健康，提高学生的心理素质，是学生的需要，是时代的呼唤。

在实施素质教育的过程中，校长必须十分重视学生的心理健康。因为，良好的心理素质是人的全面素质中的重要组成部分。关注学生的心理健康，是学生成长的需要，是实施素质教育的必然要求。

中小学生正处在身心发展的重要时期，随着年龄的增长，他们在生活、学习、人际交往、升学就业以及自身意识等方面都会遇到各种各样的心理困惑，关注他们的现在，是为了他们的未来。就当前的情况看，以下一些心理现象应引起我们的极大关注。

一是压抑。原因是家长期望高，学校要求严，自我负担重。表现是胆怯、紧张，生怕受到批评，时时、处处表现得谨小慎微。如不及时疏导，时间长了这种心态很可能固定下来，形成终身缺憾。

二是逆反。原因是误解或不恰当的批评形成的隔阂。表现是不满意，不服气，不服从。如果强行压制，越压制越抵制，时间长了会和老师产生距离，使一时的逆反情绪形成稳定的抵触对立。

三是嫉妒。原因和表现是好胜心强，自己受不到表扬，又嫉妒别人受到表扬；自己不会和同学相处，又嫉妒别人处得友好。如果得不到及时引导，这种心态很可能蔓延到学习、生活及其他各个方面。

四是自卑。原因是教育方法简单、粗暴，不被重视，受不到表扬，缺乏表现的机会。表现是没有信心，不愿意抛头露面，随大流。如不加以关注，自卑心理会越发展越严重，以至完全丧失信心。

五是孤僻。原因有的是对新的环境不适应，有的是方法不当伤害了自尊心和自信心。表现是不愿与人交往，对学习和集体活动缺乏热情。如不加以重视，时间长了会变得狭隘、自私，成为一种不好的消极心理。

六是侥幸。表现是说谎话，做虚假的事。原因主要是惧怕责备，也有的是受不良影响所致。侥幸心理如果不予重视，发展下去将会形成不诚实的恶习。

七是粗野。主要原因是娇生惯养，唯我独尊。表现是说话没礼貌，遇到不顺心的事就撒野，甚至欺侮小同学和女学生。如不关注并加以教育，发展下去将会形成一种不文明的习惯。

八是娇气。主要原因是过分溺爱，父母包办代替过多。表现是害怕吃苦，情感脆弱，经受不起挫折，遇事先替自己打算，独立生活的能力极差。如不高度重视，这种心态对学生的成长将是十分不利的。

（二）

心理素质是智力因素与非智力因素的"合金"。既要重视开发学生的智力因素，更要重视挖掘学生的非智力因素。

人的生理与心理是密切联系着的，正如人们常说的"体健神爽""心宽体胖"。世界卫生组织对健康是这样定义的："所谓健康，不仅在于没有疾病，而且在于肉体、精神、社会各方面的正常状态。"学校教育的重要任务之一，就是让学生心理、生理都得到发展，并使这两个方面和谐统一、相得益彰。

关注学生的心理健康是为了让学生有一个良好的心理素质。在人的整体素质中，社会素质（包括思想情操和道德行为、社会文化和科学知识、文化修养和审美意识）是灵魂，身体素质是基础，心理素质是核心。心理素质既会影响身体素质的水平，又会影响社会素质的质量。许多意志和毅力非常坚强的人成功了，许多人在兴趣的强烈推动下克服一切困难也成功了，这都说明心理素质的极端重要性。

心理素质是智力因素与非智力因素的"合金"。人的智力因素包括观察力、注意力、思维力、想象力、记忆力。非智力因素包括兴趣、爱好、情感、毅力、意志、性格、习惯……通常情况下，人的智力因素是相同或相近的，并没有明显的差别。智力因素本身并没有积极性，只有当它和非智力因素结合在一起的时候，才显得十分主动、活跃。比如当学生对某门功课发生兴趣或对某个老师有强烈好感的时候，他的注意力和观察力会非常集中；当学生对某件事感兴趣的时候，他就会开动脑筋，想象力就会插上翅膀，飞得很远很远；当学生有了坚强的意志和坚忍的毅力的时候，他的记忆力就会令人惊奇；当学生对某件事产生好感，情感得到了充分调动时，他的思维力就表现得不仅很活跃，而且很深刻。这些都说明，智力因素的积极性是由非智力因素去调动的，良好的心理素质是智力因素与非智力因素的紧密结合。

加强心理健康教育，提高学生的心理素质，要十分重视保护和培养学生的非智力因素。通过丰富多彩的活动，通过民主、平等的师生关系，激发学生的兴趣和爱好，锤炼学生的意志和毅力，养成学生良好的行为习惯。我们经常说要尊重学生的主体地位，调动学生的主动精神，在很大程度上就是指开发学生的非智力因素。一旦学生的非智力因素得到了充分的开发，并与智力因素紧密结合，我们必将获得教育、教学工作的伟大丰收。

一位学者提出这样一个公式：成功＝智力因素×非智力因素。可见心理素质的极端重要性。既然人的智力因素是相同或相近的，那么，成功的关键就在非智力因素。

（三）

教师的心理状态既影响和决定自己工作的成败，又影响和决定学生的成长。

加强学生的心理健康教育，提高学生的心理素质，教师的心理健康是先决条件。因为教师的心理状态既影响和决定自己工作的成败，又影响和决定学生的成长。教师的一个决定、一项措施，甚至一句话或一个表情，都会影响到学生在一段时间内的心理状态，有的甚至影响到学生的一生。

所以，关注学生的心理健康，要从教师的心理健康抓起。

实践表明，教师的心理决定教师的情绪，教师的情绪决定教育的气氛，学生在不同的气氛下受到的教育是不同的。具有良好心理品质的教师能够创造一种和谐、温馨、催人向上的气氛，使学生在轻松、愉悦的环境下学习。心理失调的教师会把怨气带进教室，造成一种紧张、压抑甚至恐怖的气氛，使学生惶惶不安。一些教师的教育、教学效果不理想，原因不在主观不努力，不在教学技能没有更新，不在知识不适应，而在心理素质。因为，教师良好的心理品质主要表现在能够尊重和理解学生，和蔼地对待学生，师生之间是一种民主、平等的关系。有了这种关系，教师就为学生提供了观察、模仿的榜样，不仅有利于协调师生关系，而且有利于学生学会如何与人交往；有了这种关系，不仅有利于提高教师本人的工作效率，而且能使学生保持良好的心态，有利于接受教育。

教师如何保持良好的心理？一是学会适应。工作繁忙、身心疲劳、任务紧急、情绪不好……谁都会遇到这种情况。越是这样，越要冷静，保持一颗平常心，用理智去战胜情绪。二是悦纳自己。自己看得起自己就是悦纳自己。自信是最重要的，一旦认识了教师工作的本质特征是奉献，就会觉得苦与甜、悲与欢都是一种享受。三是善于交往。良好的人际关系是保持心理健康的重要条件。通过与人交往，特别是对别人付出了爱护、关心、尊重、信任、赞赏以及真诚的帮助之后，你得到的同样是这些可贵的财富。而这些正是心理健康的宝贵营养。四是扩展兴趣。兴趣越广泛，思路越开阔。教师具有广泛的兴趣是学生的需要，教育的需要。同时，广泛的兴趣还可以驱散面临的苦恼，使自己有一个好心情。五是提高自己。加强学习，不断提高自己，是调整心态的根本出路。因为只有提高自己，才能适应新的需要，从而克服由于不适应而产生的心理障碍。只有提高自己，才能深刻理解教育工作的本质与意义，从而对不切实际的物质欲望和是是非非的烦恼形成一种超脱的心态。

（四）

校长要有强烈的科研意识，带领全体教师向科研要质量。研究学生就是要研究他们的心理特点、变化规律以及个性差异。

人的心理健康目前虽无一个统一的定义，但以下五点是良好心理品质的重要部分：一是能客观地认识自己。既相信自己，有积极向上的勇气；又有自知之明，不过度紧张，不苦恼焦虑，多数情况下能保持一个满意的心境。二是能公正地对待他人，具有同情心，与人相处能保持并发展融洽、和谐的关系。三是能冷静地对待环境，面对变化着的环境有较强的适应能力。四是能正确地对待社会，视自己为社会的人，有正确的自我观念和健全的人格，使个人与社会的发展协调一致。五是能积极地对待工作，并能把自己拥有的知识和技术转化为创造性的工作，视工作为享受。

心理发展的根本动力是学生自身的内部矛盾。社会环境的变化要对学生提出新的要求，这些新的要求与学生已有的心理发展水平之间就形成了矛盾。这种由低到高、由弱到强、由不适应到适应就是存在于每个学生身上的内部矛盾，正是不断更新、反复出现的内部矛盾推动着学生的心理发展。学生心理的健康发展，归根结底在学生本人，在学生本人的主动性、自觉性和积极性。

中小学校的学生心理健康教育是一项政策性、科学性很强的工作。开展心理健康教育要与德育工作密切结合，但不能用德育工作代替心理健康教育，不能以心理健康教育取代德育工作，更不能把心理问题说成是道德品质问题。除了抓好教师的心理健康外，校长要特别重视学生心理健康教育的科研工作。

校长要有强烈的科研意识，除了自己加强学习，勤于思考，勇于实践外，还要成为学校科研的带头人，带领全体教师向科研要质量。学校的工作对象是学生，仅仅停留在对教学内容、教学方法的研究上是不够的，还必须研究学生。一要研究学生的心理特点。根据各个年龄段不同的心理需要针对性地开展教育、教学活动，有了针对性，就有了实效性。二要研究学生的心理变化规律。学生的心理活动是不断变化的，这种变化又是有规律的。仔细观察，学生在开学初与学期中、受了表扬与未受表扬、得到尊重与受到冷落等情况下的心理活动是不同的。掌握了这些规律，就可以做到心中有数，未雨绸缪，少走弯路。三要研究学生心理活动的个性差异。有差异是正常的，要承认差异，并能根据差异开展工作，这就是通常说的"因材施教"。

　　如果我们重视了对学生心理活动的研究，掌握了学生的心理特点和变化规律以及个性差异，不仅可以促进学生心理的健康发展，而且可以促进学生的全面成长。

一年两次教育理论报告会

黑格尔说过："人是靠思想站立着的。"校长要用现代教育理论武装教师。只有这样，教师工作才会有主见，学校教育才能跟上时代的步伐。

某年暑假，我和另外三位同行应邀到一所中学参加现代教育理论报告会。汽车一会儿在涧底穿行，一会儿在山腰上奔驰，一会儿又直冲山顶，五个小时后，我们到达了县城。

这是一个山区贫困县，第一中学是人们敬仰的最高学府。学校共有初、高中38个班，在校学生2100多人，是一所规模不小的学校。校长向我们介绍说，学校受交通、经济的制约，信息闭塞，经费紧张，设备陈旧，办学质量很难满足人们的要求。但是，与经济状况相比较，更贫困的是思想，是紧跟时代节拍的教育思想。所以，1998年以来，学校每年举办两次教育理论报告会。暑假比较长，时间为七天。寒假比较短，时间为五天。全校教职员工都参加，除听取专题报告外，还联系实际寻找差距，结合工作研究改进措施。这么多年来，教师的思想在变，学校的面貌在变，办学的质量也在变。虽然与先进学校相比还有很大差距，但是和原来的自己比，有了不小的进步。说到这里，校长动情地告诉我们：更重要的是绝大多数教师有了搞好工作的信心和愿望，认识到现代教育理论的重要性，并自觉地用正确的教育思想指导自己的实践，这是最宝贵、最重要的精神财富，是我们学校的希望。

我为这位校长的举措拍手叫好。利用寒暑假，一年举办两次教育理论报告会，把外面的人请进来传递信息，既经济又实惠。全校老师都参加，既听到了信息、看到了差距，又明确了努力的方向。这位校长能够做到的，我想其他校长也都能做到。

现代社会的一个重要特征是信息量大、传播迅速。谁重视信息的收集、筛选和利用，谁就把握了今天，占有了明天。黑格尔曾经说过："人是靠思想站立着的。"只有用现代教育理论武装教师，我们的教师工作才会有主见，学校才会有活力。

校长是为副校长服务的

校长为副校长服务是需要有博大胸怀和远见卓识的，它不仅是一种领导艺术，更是事业心和责任感的体现。

有一年魏书生老师来太原作学术报告。休息时，有人问魏老师："现在担任盘锦市教委主任，工作一定很忙吧？"魏老师笑笑说："不忙。当校长时，是为副校长服务。如今做了教委主任，当然是为副主任服务。"

校长为副校长服务是需要有博大胸怀和远见卓识的，它不仅仅是一种领导艺术，更是事业心和责任感的突出体现。

什么是服务？服务就是发现问题，解决困难，创造条件，激励上进。校长是学校发展的决策者。决策以后，如何把决策落到实处靠的是全体教职员工，首先是副校长。因此，校长为副校长服务自然是顺理成章的。

校长为副校长服务应该成为现代校长的一种理念，不要把一切事情都揽在自己身上。如果事无巨细，什么都要亲自去管，结果是做不了也做不好，反而还挫伤了别人的积极性。校长只做校长的事，那就是决策以后提供服务。

如何服务？第一是信任。同事之间，信任比什么都重要，它是心灵的交融、无形的力量，是为了同一个目的应有的胸怀。有了信任，副校长才会恪尽职守，搞好工作。第二是支持。要支持副校长创造性地开展工作，凡是有利于学校发展、有利于学生健康成长的，都要支持。第三是勇于承担责任。凡是工作，都会出现失误，没有不犯错误的人。错了以后，无论是校长自己还是副校长或其他员工的错，校长都要勇于承担责任。虽然责任有直接或间接的，本人或领导的，校长都难辞其咎。校长越勇于承担责任，副校长及其他员工就越认真负责，越敢进行创造性的工作；如若校长推卸责任、文过饰非，副校长及其他员工必然推一下动一下，甚至推也不动。这就是事物的辩证法则。

善待家长

　　我们的家长是善良的。为了孩子，他们可以忍受一切。家长想的和学校做的都是为了孩子的未来。要善待每一位家长，诚恳地与家长共同探讨教育的规律与方法。要知道，主观愿望是通过学生理解并接纳的方法才能变成现实的。

一位家长讲述了他亲身经历的一件往事：

他的孩子上初中二年级时，与同桌发生争执，起初是动嘴，后来发展到动手，结果打伤了同学。班主任盛怒之下，罚其中午不准回家，令他在教室写检查。家长找到学校，发现孩子一个人坐在教室里。问明原因后，家长觉得既可怜、又可气。为了维护班主任老师决定的严肃性，临走时撂给孩子一句话："应该好好检查。"

可怜天下父母心。下午课外活动时间父母又到学校，想接孩子提前回家补上午饭。不料到教室一看，空旷的教室里，还是他的孩子一个人继续"闭门思过"。他找到班主任，班主任仍然余怒未消，全然不顾家长的好心和善意，劈头就说："你们不能这样溺爱孩子，这样会抵消教育的力量。要不然你们为他转学，或者领回家自己教育。"误会与气话，给家长的头上狠狠地泼了一桶冷水。

好心的家长理解班主任老师的善意，虽然对这样的教育方式有看法，但是既没有生气，也没有争辩，为了孩子，他们能够忍受一切。无意中遇到校长，本想把想法说给校长听听，谁知校长听了情况说明后毫无表情地蹦出一句话："严格管理是首要的，其余都是次要的。"

这位家长是怀着感情讲述往事的。虽然事情已经过去了十年，但是动情的脸上仍然写满了不安与无奈。

我无意袒护家长，因为多数家长是通情达理的。我也无意批评校长和老师，因为多数校长和老师是极端负责和十分辛苦的。我只是想说校长和老师要理解家长，善待家长。

家长把孩子送到学校，实际上是把希望寄托于学校，他们对学校是信任的。他们为学校的发展变化而高兴，也为学校的偶然失误而揪心。应该说这种情结不是狭隘自私的，因为关注孩子就是关注未来。从这一点上说，家长想的和学校做的是完全一致的，都是为了孩子的未来。因此，要善待每一位家长，诚恳地与家长共同探讨教育的规律与方法。主观愿望是通过学生理解并接纳的方法才能得以实现的。只要我们的教育方法是科学的，是学生喜闻乐见的，每一所学校都会在现有的基础上发生更深刻的变化。

校园里的"群英谱"

不要忘记为学校发展作出过贡献的教职员工们。

肯定他们的过去，是为了迈向美好的未来。

前不久到一所中学去，发现一个十分精致又显眼的橱窗，走近细看，原来是该校的"群英谱"。从1952年建校到现在，凡是高级职称和被评为县以上模范教师及先进工作者的，每人一张彩色照片加上简要说明，均庄重地镶嵌在橱窗里。我粗略计算，大约有一百位。

我为这所中学的举措拍手叫好！

第一，好在它没有忘记历史。对于为学校的发展作出过贡献的教职员工们，无论是五十年前的还是现在的，都要给予充分肯定，都是学校发展的英雄。历史是割不断的，它总是沿着昨天、今天和明天的轨迹向前延伸。珍视昨天，是为了把握今天、追求明天。静静的橱窗向全校师生员工展示着一个深刻的哲理：每个人的身后都留有一串值得回忆的印迹，每个人的面前都横着一条公平的起跑线。为了明天，都应该从自我做起，从今天开始。

第二，好在它是一种巨大的力量。对于照片展现在橱窗里的教职员工来说，既是荣耀，更是鞭策，他们会时时自我加压，用出色的业绩维护自己的尊严，不辜负学生的期望。对于照片还没有展现在橱窗里的教职员工来说，既是激励，更是方向，他们会时时发奋工作，以模范为榜样，争取早日迈进"群英谱"的行列。

第三，好在它为学生们展现了做人的榜样。学生每天看着这些熟悉的照片，会肃然起敬，发自内心爱戴这些为了自己的健康成长而辛勤工作的长辈们。学校不会忘记他们，家长不会忘记他们，学生更不会忘记他们。因为在学生的眼里，老师不仅仅是知识的传播者，更是灵魂的铸造者和如何做人的领路人。

我建议每个学校都从自己的实际出发建立一个"群英谱"。投入不会太多，但得到的将会大大超出预期。

漫谈治校格言

"治校格言"是校长教育观念的反映。揭示教育的基本规律，反映学校的本质特征，让人受到鼓舞，使人认准方向，教人有所遵循，这便是"治校格言"。

山西省运城市康杰中学是以革命先烈嘉康杰命名的一所中学，无论是在革命战争年代，还是在和平建设时期，康杰中学都为国家培养了大批优秀人才，是一所社会肯定、家长欢迎、学生向往的好学校。

前不久到康杰中学检查验收德育示范校，查阅资料时，他们的"治校格言"强烈地吸引了我，也深深地打动了我。康杰中学的"治校格言"反映了他们对教育基本规律和学校教育本质特征的透彻理解。其中，关于教学工作概括的三句话，不仅很精辟，而且很通俗；不仅是教育观念，而且是实践指南，看后既让人深受鼓舞，又让人有所遵循。

康杰中学关于教学工作的三句话是这样告诉教师的：要让学生有一定的时间接受学习；要让学生有必要的时间合作学习；要让学生有更多的时间自主学习。

要让学生有一定的时间接受学习，是指教师要教。

"一定"是一个限量修饰词，告诉教师讲授的时间要短、要少。如何才能用时少、讲得短？唯一的办法是精。只有教师用时少，才能把时间留给学生。只有教师讲得精，才能启发学生去思考，激励学生去探究。这就是教师的主导作用。

要让学生有必要的时间合作学习，是指同学之间的合作。"必要"是一个提醒修饰词，告诉教师和学生合作的必要性，要在学习中学会合作，在合作中体验成功，通过成功加深对人际关系的理解。这样，真正把学习变成了一种实践活动，通过实践不仅学到了知识，而且学会了合作，学会了交往，学会了做人。

要让学生有更多的时间自主学习，是指学生是学习的主人。"更多"是一个警示修饰词，告诉教师要走出误区，相信学生，引导学生学会学习，激励学生自主学习。学生有了浓厚的兴趣，有了跃跃欲试的主观愿望，就有了学会、学好的内在因素。内因一旦调动起来，学生就会成为学习的主人。这就是学生的主体地位。

校长要有自己的教育观念。现代教育观念来源于对教育基本规律和学校教育本质特征的深刻理解。把教育观念用精辟的文字表现出来，让人受到鼓舞，使人认准方向，教人有所遵循，这便是"治校格言"。

成功也是成功之母

　　为学生提供自我表现的机会，让学生在自我表现中体验成功的喜悦，在体验成功的喜悦中进一步增强自信，在不断增强自信中走向更多更大的成功。

　　上海市闸北八中刘京海校长是研究和实践成功教育的。他在太原市作了《成功教育新探》的专题报告，反响非常强烈。他在实践中总结出来的许多观点，无论是对校长、教师，还是对学生，都有着普遍的意义。其中，"成功也是成功之母"是他实践成功教育的结晶。

　　大家都认同"失败是成功之母"，因为吃一堑，长一智，失败的教训同样是可贵的财富，吸取失败的教训，就会取得成功。失败并不可怕，能够知道败在哪里，就可以走向成功。刘校长指出"成功也是成功之母"，对于中小学生来说更有现实性和针对性。

　　人都有自尊心，都希望得到认同，受到表扬。中小学生同样如此，他们有自尊心，他们渴望得到老师肯定和同学赞赏的心理丝毫不亚于成年人。从教育的角度来说，满足学生自尊心的需要，甚至比吃饭、穿衣更重要。人可以不吃饭，但谁也不会允许别人伤害他的人格尊严。因此，杜绝体罚和变相体罚，避免埋怨、指责、歧视和讽刺挖苦，大胆并善意地表扬学生，真诚地发现和肯定每一个学生潜在的闪光点，让学生体验成功的喜悦，在体验中升华人格的尊严，是学生走向成功的开始，也是学生做人的基础。

"人格的概念是自信。"正是有自信，我们才克服一切困难，战胜一切挫折，实践着自己的人生价值。假如没有自信，那将是没有精神支柱的空壳，不会有理想，不会有追求，自然不会有成功。中小学生争强好胜，表现欲望强烈。同时，他们又富于幻想，兴趣广泛，一般来说不怕挫折，不怕失败，在他们眼里，什么都是美好的，承受挫折和失败的心理能力有时甚至超过成年人。这些，都是自信的表现。既然这样，我们就要为学生提供自我表现的机会，在自我表现中体验成功的喜悦，在体验成功的喜悦中进一步增强自信，在不断增强自信中走向更多更大的成功。

如果说"失败是成功之母"适合于成年人，那么"成功是成功之母"更适合于中小学生。因为成年人已有一定的生活阅历，能够理智地对待挫折，把失败教训变为财富，从而走向成功。而中小学生还处在成长发育阶段，他们更需要激励，应当在激励中走向成功。

如何让学生主动发展

（一）

　　诚心诚意地尊重每一个学生，平等、民主地对待每一个学生，教师得到的必然是学生的亲近、爱戴与尊重。教师尊重学生是教育事业的需要。尊重学生，换来的是学生的尊重。你说的话学生愿意听，你做的事学生愿意跟，这就是学生的主动性。

　　教育教学是师生之间的双向交流和同学之间的多向活动。教师是外因，是促进学生发生变化的条件。学生是内因，是在良好条件下发生变化的基础。外因是重要的，就像没有适当的温度鸡蛋孵不出小鸡一样；内因同样重要，就像有了适当的温度石头也永远变不成小鸡。因此，调动师生两个方面的积极性，特别是学生的自觉性和主动性，是实施素质教育的灵魂。

　　"发展是不能给予的。"学生能不能主动发展，除了教师的主观愿望外，关键还是学生的内在动力。而学生的内在动力需要教师去激发和点燃，这就是教师的主导作用。

　　尊重学生，建立民主、平等的师生关系，是学生主动发展的关键。自尊心是人类的共同精神财富，所有的人都希望得到别人的尊重。中小学生的自尊心既十分稚嫩，容易受到伤害；又非常强烈，渴望得到老师的赏识和赞扬。即使一句亲切的话，一个善意的微笑，一次轻轻地抚摸，他们都会激动不已，把它看作是老师对自己的尊重。他们的自尊心一旦得到了满足，就会迸发出向上的能量，这种能量就是自觉性和主动性。

留心观察，你会发现同学之间的相互合作与交流是无拘无束、积极主动的。为什么？因为同学之间是平等的，有了平等，就有了民主。而师生之间的合作与交流就不是那样畅通无阻，学生往往是被动的，甚至对老师敬而远之或惧而远之。为什么？因为师生之间不是平等的，学生只有也只能处在被动地位。长期处于被动状态下的学生，自然缺乏自觉性、主动性和积极性。因此，走下讲台，放下架子，平等对待每一个学生，发自内心地尊重每一个学生，你得到的必然是学生的亲近、爱戴与尊重。

建立平等、民主的师生关系，诚心诚意地尊重学生，是教育事业的需要。老师尊重学生，换来的是学生对老师的尊重。"亲其师，信其道。"你说的话学生愿意听，你做的事学生愿意跟，这就是学生的主动性。

（二）

信任学生是一种观念、一种胸怀、一种艺术。教师的工作动力来源于信任学生，学生的主动性来源于老师的信任。信任是师生动力的共同源泉。

　　一个人能得到别人的信任是幸福的，反过来，这种幸福感又会转化为一种力量，并以这种力量回报信任他的人。人世间信任是最纯真的感情，是最珍贵的财富，它可以融化一切，催人向上。教育家马卡连柯把手枪交给一个"危险"孩子，这个孩子不仅没有离开队伍，而且出色地完成任务，把手枪奉还给马卡连柯。在信任感化下，"危险"孩子变成了优秀青年。可见，相信学生，信任学生，才能激活学生的内在情感，从而自觉、主动地参与到教育、教学活动中来。

　　信任学生是一种观念。作为教师，要相信自己的学生，相信每一个学生都有成功的愿望，相信每一个学生都有成功的潜力，相信每一个学生都会在某一些方面获得成功。教师的工作动力源泉是什么？希望学生成人、成才、成功。有了相信学生的观念，就有了工作的动力，也就有了激发学生努力向上的教育行动。观念指导行动。校长信任教师，教师信任学生，这样的学校必然充满活力。

　　信任学生是一种胸怀。作为学生，正处在成长、发育阶段，不确定因素很多，有时候表现得令人欢欣鼓舞，有时候又表现得让人忧心忡忡。这是正常的，是人生道路上谁也避免不了的客观规律。说信任学生是一种胸怀，就是说不论遇到什么情况，教师都要一以贯之地相信学生，不要因为学生有反复而失去信心，更不要因为学生的偶然过错而埋怨、指责甚至放弃教育。学生处于低潮或出现失误时，更需要教师的关爱、鼓励、信任。要让学生从教师的语言、表情中理解对他的信任，从信任中获取力量。教师对学生的信任，犹如从心灵深处喷射出来的无私的阳光，它会给学生以信心，给学生以力量。

信任学生是一种艺术。教育本身就是充满艺术的事业，因为教育的本质是塑造人，这是世界上最伟大、最复杂、最艰巨的工程，没有奉献的精神，没有灵活的方法，没有高超的艺术，是很难达到教育目标的。而在全部教育艺术中，信任学生是核心。教师的工作动力来源于信任学生，学生的主动性来源于老师的信任。信任是师生动力的共同源泉。

（三）

老师要正确对待学生的失败，引导学生解除挫折的困惑。让学生从老师那里得到安慰，进而把这种安慰化为一种亲情，变成一种力量。

教师正确对待学生的失败，并且教育学生能够正确对待失败，是引导学生主动发展的一个很重要的方面。

中小学生正处在成长、发育阶段，一方面好胜心强，另一方面自制力差；一方面追求向上，另一方面又容易情绪波动；一方面渴望独立、企盼尊重，另一方面又有很强的依赖性；一方面充满自信，另一方面又经受不起挫折；一方面热衷于与同龄人的交往，另一方面在交往的标准、方式上又常常出现问题；一方面他们依赖家长和教师，另一方面又试图摆脱家长和教师，严重时可能出现"顶撞""逆反"等心理。这些都是人生成长中的必然过程，谁也不可避免。理解学生的特点，容忍学生的过失，应该成为教师的基本素质。虽然批评、处分学生也是教育的一种手段，但这种批评和处分是建立在理解和宽容的基础之上的。有了理解和宽容，才能以情感人，以理服人；有了理解和宽容，老师才会充满信心，学生才会充满自信，理解和宽容才会变成一种力量，促使学生积极主动地参与教师组织的各种教育、教学活动。

受生活阅历和认识能力的局限，学生犯了错误或受了挫折后，通常不能理性思考、冷静对待，多数处于恐惧、紧张、矛盾的状态之中。越是在这种情况下，越需要教师的关怀，哪怕是一个善意的微笑，学生都会从老师那里得到安慰，受到鼓舞。如果在学生最需要关爱的时候得到的是冷酷的面孔和毫无人情味的指责，对学生来说无异于火上浇油，冰上泼水，伤口上又撒了一把盐。有的学生也可能从此变得心灰意冷，丧失信心。所以，当学生有了过失和受到挫折后，老师要耐心地帮助学生分析原因，诚心启发学生鼓起向上的信心，引导学生正确对待失败。世界上没有任何一个人不犯错误，聪明的人犯了错误以后能够改正错误，愚蠢的人犯了错误以后设法掩盖错误。当学生认识了这些道理后，就会变成他们人生的财富，不仅学生时代能够正确对待失败，将来走向社会，也能够经受住挫折，积极主动地做好工作。

德育处抓什么？

　　制订德育工作计划，组织开展德育研究，建设优美校园文化，开展学生心理健康教育，运用典型推动全面工作，应该是德育处的工作重点。

　　不少规模较大的中小学校都设有德育处或政教处，有了专门机构，配备了专职人员，极大地推动着德育工作的深入开展。

　　前不久，邀请部分学校的德育处长座谈讨论如何提高德育工作的实效性，却发现在"德育处抓什么"这个问题上并不十分明确。如果明确了职责，工作抓在了根本处，学校的德育工作必将在现有的基础上再现新的局面。

　　德育处抓什么？除了日常工作外，主要应抓好以下几项工作：

　　第一，当好校长的参谋和助手。制订本校学年德育工作计划，突出德育工作重点，督促、检查并负责落实工作计划，做什么事、谁去做、什么时候完成、达到什么要求，使德育工作深入人心，扎实可行。

　　第二，强化科研意识，加强德育研究。德育是塑造灵魂的工作，没有科学的态度与方法必然是肤浅的。德育处要根据学生的特点，研究、制订课题计划，落实课题研究任务，召集课题研究报告会，评选优秀论文。通过科研，推动德育工作更加广泛、深入地进行。

第三，加强校园文化建设。主动配合有关部门，使教室、宿舍、食堂、操场、图书馆以及校园的每个场所都具有浓厚的文化氛围，创设有利于学生成长的物质环境、人际环境和心理环境。

第四，学生心理健康是德育的重要内容，学校的心理健康教育如何开展，教师如何培训，课程、活动如何安排，心理辅导如何进行，家长学校如何活动……都要周密计划，提出具体意见，确保此项工作科学、规范地进行。

第五，通过评比、检查，发现问题，及时解决。同时要树立典型，带动全体，用典型的科学性提高德育工作的实效性。德育处应该成为全体教师相互沟通的桥梁，通过沟通，激励每个教师为学生树立人格的榜样。班主任在学校德育工作中处于特殊重要的位置，德育处要与班主任建立定期的例会制度，研究新情况，发现新问题，制定新措施，共同做好学校的德育工作。

校长与教职工

校长和教职工应该是朋友，也能够成为朋友。如果校长和自己的教职工成了朋友，校长就一定能够做到一呼百应，令行禁止。

打开电视机，中央电视台正在播出《朋友》。嘉宾朋友是中国煤矿文工团的瞿团长，他的朋友自然多是文工团的演职员。

一位青年歌手讲述了她和瞿团长结为朋友的一个故事：一次下矿演出，她的孩子生病，父亲在医院做化疗，她想请假，而瞿团长却和颜悦色地说："你有一百个理由请假，我只有一个理由不准，那就是矿工喜欢你的歌。"她服从了团长的决定，到达演出地点后，她收到团长送来的一张明信片。酷爱收集明信片的她又惊又喜，打心底感激这位通情达理的好团长。她说，团长是一位既可敬又"可恨"的朋友。可敬的是理解人、关爱人；"可恨"的是为了工作不近人情。

一位在影视片中扮演了不少角色的演员是他的朋友。瞿团长说："我很器重他，但又很对不起他。由于指标限制，至今他还是文艺三级。"这位演员跑上台，真诚而又坦然地说："我理解，这不是你的过。有戏演我就很高兴。"两双男人的大手紧紧握在一起，四只饱含着热泪的眼睛交流着人间的真情。

团里的一对夫妇均因癌症先后去世，留下一个十六岁的孩子。在一次全团会议上，他把这个孩子请到会场说："在座的哥哥姐姐、叔叔阿姨都是你的亲人，有什么困难就找他们解决。"接着又向全团宣布："这个孩子就是我们团的孩子，大家都要把他当作自己的亲人。"平凡的举动，博大的胸怀！

一位老编剧去世后，瞿团长多次在全团会议上称赞他的人品和作品。老编剧的夫人说："他要在天有灵，一定会含笑感谢你这位团长朋友的。"

因为人手少，需要一位舞蹈演员扮演话剧里的一个角色。舞蹈演员演话剧是有一定难度的。在瞿团长的热情鼓励和亲自帮助下，终于成功了。这位青年舞蹈演员饱含激情地说："瞿团长不仅是团长，而且是朋友，是父亲。"这是从心底流露出来的真实情感。

在一次年终总结表彰会上，没有奖金，没有奖状，有的是瞿团长掏给朋友们的一颗火热的心。比如，奖给舞台设计人的奖品是他出国时买到的一个非常精美的人头塑像，他告诉受奖人："愿你以后的设计像他一样美丽。"奖给一位曾经因排练而掉到河沟里的职员一瓶汾酒，他告诉受奖人："你湿透了全身，辛苦了，喝点酒，暖暖身。"

看完这个节目，我的心久久不能平静。于是坐下来，记述了上面几个故事，目的是想与校长们分享这些可贵的精神财富。

瞿团长和他的演职员是朋友，因此他能够做到一呼百应。

如果校长能够和自己的教职员工结为朋友，校长一定可以做到令行禁止。

师生关系就是教学质量

　　建立民主、平等的师生关系是学生的心声，是时代的呼唤。

　　大同矿务局第一中学部分老师来太原听课。一天午餐时，老师们议论着听课感受，听得出，他们是大有收获的。和他们比较熟悉的山西省教育科学研究所原所长杨进发高兴地听着，不住地点头表示肯定。午餐快结束时，杨所长对他的老师朋友们说："出来走走，看看，听听，会学到很多东西。作为一个教师，必须不断充实自己。但是最重要、最根本的还是师生关系，是民主、平等的师生关系。师生关系就是教学质量。"

　　"师生关系就是教学质量"，这是一个既严肃而又深刻的命题。它启发我们的校长换一个角度去思考，从师生关系入手去抓学校的教育、教学质量。

　　师生之间应该是什么关系，师生关系的现状如何，校长们是清楚的。虽然师生关系较之过去有了极大的改善，但由于传统观念根深蒂固，民主、平等的师生关系仍然没有从理论与实践的结合上真正树立起来，这是当前进一步提高教育、教学质量的一大瓶颈。

"师生关系就是教学质量"，道理是非常明显的。老师理解、关爱学生，学生尊重、信任老师，这实际上是师生之间心灵的碰撞和情感的交流。这种亲密的师生关系会转化成一种力量，促使老师千方百计搞好自己的工作，激励学生克服一切困难向着老师提出的目标努力攀登。我们经常说，人是需要有一种精神的。老师心中装着学生，希望自己的每一个学生成人、成才，这是老师的精神。有了这种精神，老师就会把自己的全部心思用在学生身上。学生敬仰老师，心甘情愿按照老师的要求去做人、做事，这是学生的精神。有了这种精神，学生就会以老师为榜样，在温暖的集体里健康成长。

建立良好的师生关系，关键在于老师，在于老师的民主意识和平等观念。如果老师能够理解学生、待人公平、乐于交流、亲切和蔼，学生自然会紧紧依偎在老师身旁，靠着老师的肩膀，登得很高很高。

建立民主、平等的师生关系，是学生的心声，是时代的呼唤。

坚持写日记

写日记不仅是对工作的记录，更重要的是对工作的反思。反思就是实践的升华，反思必然有所收获。

我主张校长坚持写日记，因为日记不只是对自己工作的记录，更重要的是对自己工作的反思。反思就是实践的升华，反思必然有所收获。

校长坚持写日记难不难？想写就不难，不想写就很难。正像一句谚语说的那样："有心走路山成路，无心走路路成山。"

日记当然以天天记为好，但做不到天天记并非不是日记。对于校长来说，日记写什么？内容很多，重点应记好以下三个方面：

第一，成功的经验。学校的工作那么多，件件都与校长有关联。无论是自己还是别人成功的实践，都要把它记下来，成功的表现是什么，成功的原因在哪里，成功的影响有多大。经过思考，一般会对实践作出评价，进而得出客观的结论。所谓"实践出真知"，就是反思以后的结论。

第二，失败的教训。工作是实践，实践是探索，探索是允许失误、失败甚至犯错误的。失败既不丢人，也不可怕。聪明的人因为失败了承认失败，并能吸取教训，所以走向了成功。愚蠢的人因为文过饰非，推卸责任，所以很难取得成功。校长要总结失败的教训，因为失败的教训同样是可贵的财富。记住失败的表现是什么，危害有多大，原因在哪里，这就是教训，无论对自己还是对别人，都是大有好处的。

第三，信息的筛选。我们处在一个信息时代。信息时代的重要特点是信息量大，传播的渠道多，而且传播的速度快。信息已经成了重要的资源，谁重视收集、筛选和利用信息，谁就会站在时代发展的前沿；谁无视信息，必然会被时代淘汰。校长获取信息的渠道是很多的，广播、电视、报纸、杂志、参观访问、各种会议以及网络。把听到、看到的信息经过筛选记下来，结合学校的实际情况，创造性地利用信息，不仅应该成为现代校长的观念，也应成为现代校长的工作方式。

人格是最好的老师

人格就是个人的道德品质。人格的力量就是道德品质的力量。道德品质好，可信度就高，说的话有人听，做的事有人跟，这就是威信。

一位在一所中学担任了近二十年的校长退休后，大家都很想念他。闲聊时，有位老教师说："他是靠人格的力量和科学的方法当校长的。"

领导一所学校要有科学的方法是肯定的，所以才有了领导科学、管理科学等经过实践总结出来的理论结晶。但是靠人格的力量当校长至少没有引起普遍的高度关注。这位老教师说他们的老校长靠的是人格的力量和科学的方法，自有他的道理，反映了教师对校长人格的极端重视。

由此，我想起了《德育报》曾发表过的一篇题为《心灵考试》的文章，大意是：一位思想品德课的老师宣布，思想品德课的考试不是背课文、说道理，而是看行动，凡是做了对集体、对他人有益的事，都视为考试通过，这叫作"心灵考试"。一位同学很长时间做不到"好事"，心急如焚。一天，他起了个大早，准备清扫教室。来到教室一看，已经有人清扫了。临出门时，发现地上有一张拾元人民币，他捡起来，准备交给老师，拾金不昧也是心灵考试。走在去老师办公室的路上，他想能不能对老师也来一个"心灵考试"？于是把钱放在这位老师的门口，躲在一个角落暗自观察。这位老师出门后，发现了钱，不动声色地装进了口袋，径直走向教室。下课了，一位同学报告说，今天他清扫教室时，不小心掉了拾元钱，请老师协助查找。这位老师问同学们是否捡到了钱，同学们自然是否定的回答。老师说："这样看来，你的钱是丢在了路上，而不是教室。"这位老师要对学生进行"心灵考试"，而他自己的"心灵考试"却不及格。毫无疑问，这样的老师在同学中是不会有影响力和感召力的。

人格就是个人的道德品质。人格的力量就是道德品质的力量。道德品质好，可信度就高，说的话有人听，做的事有人跟，这就是威信。权力是一时的，威信是长久的，校长的影响力实质上就是威信。

校长的"爱"

　　仅有爱是不够的，如何爱才是爱的本质。只有从心底流出真情，学生感受到温暖的爱意，体验到成功的喜悦，这种爱才是学生积极向上的催化剂。

　　这是一所农村小学，校长是一位四十多岁的女士，粗壮的身材、黑红的面庞、朴实的笑容，浑身散发着忠厚、纯朴与善良。

　　我是随检查组来复查验收德育示范校的。校长的汇报令我惊讶，她对学校情况的熟悉，对方针政策的把握，对德育工作的创新，不愧为示范学校校长。她身上，同时又散发着执着、追求与严谨。

　　多项检查结束时，已经是下午五点钟了。一位检查组成员提议看看学生的课外活动，我有点迟疑，因为看活动是事前没有安排的。校长看出我的心事，爽快地说："看吧，学生的课外活动是不需要准备的。"

　　半个小时后，当我们来到操场时，同学们已经整整齐齐站在那里。接下来，全部是师生自编自演的节目，有课本剧、小合唱、当地秧歌、乐器合奏以及计划生育、保护环境等话剧。我发现，校长并没有陪着省、市、县里来的人，而是站在对面给同学们看管衣服。上场了，学生把自己的衣服交给校长，拿不了，她就抱在怀里，披在肩上，满面笑容看着学生天真活泼的表演活动。结束了，学生围在校长身边，她还是笑容满面地帮助学生穿衣服、戴帽子，有时还轻轻拍拍学生的头，把肯定、表扬、感谢统统融在这一"拍"之中。

我是在无意中发现校长这一无意识的举动的，它是那样自然、真实。回县城的路上，它让我想了很多很多。

这位校长给学生看管衣服是一件极其平常的小事，但是它折射出的是校长对学生的关爱。爱学生是校长事业心、责任感的集中表现，也是校长全部工作的动力源泉。

仅有爱是不够的，如何爱才是爱的本质。无论是家长对孩子的娇惯、迁就与粗暴、打骂，或者是教师对学生的惩戒与体罚，不能说不是爱，但是这种爱步入了误区。这位校长为学生看管衣服，并对学生一再表示赞赏，是从心底流出的真情，学生感受到的是温暖的爱意，体验到的是成功的喜悦，这种爱才是学生积极向上的催化剂。

校长的爱也为教师如何爱学生做出了榜样，难怪所有教师也和校长一样忙这忙那，跑前跑后。表面上我们看到的是一次短短的课外活动，实际上揭示了和谐的师生关系和深厚的师生情感。从这位校长的身上，我理解了"喊破嗓子，不如做出样子"的深刻含义。

"抱着炸弹睡觉"

有人把对危机高度敏感，任何时候都会注意潜在的危机，并采取相应对策的人称为"抱着炸弹睡觉的人"。校长有没有危机感？如何应对危机？值得思考。

一位作家描写《华盛顿邮报》总裁凯瑟琳·格雷厄姆是一个"抱着炸弹睡觉的人"，因为她除了惊人的胆量和献身的热情外，还有一个特点，那就是对危机的高度敏感，任何时候都会注意潜在的危机，并采取相应的对策。

凯瑟琳·格雷厄姆是一个精明的人，因为她不满足于现状，时时关注着远方，并且预料着奔向远方可能遇到的种种险阻，谋划着克服险阻的种种方案。

校长应该是"抱着炸弹睡觉的人"，因为在我们前进的道路上同样存在着危机。对于校长来说，存在和潜在的危机（也可以称作挑战）主要表现在以下四个方面：

一是时代的要求。时代的发展要求学校的校长和学校培养出来的学生必须是高素质的，能够适应时代前进的步伐。校长必须不断提高自己，学校必须深化改革，这是客观的必然要求，否则，大浪淘沙，滚滚的历史潮流将毫不客气地把懈怠者抛在岸边。

二是家长和学生的期望。随着教育的发展，现在已不是学校选择学生，而是学生选择学校。所有的家长和学生都期望进入理想的学校，绝大多数家长把子女的上学需要作为第一投资方向。家长和学生的期望是可以理解的，校长应该把它看作是一种压力，并且把压力变为动力。如果忽视这种期望，或者满足不了这种期望，学校将失去基础，变成空中楼阁。

三是兄弟学校的发展。所有学校都在变革中求发展，这是只有创新才能前进的社会法制所决定的。守与创是辩证统一的，只有不断创新，才能有所发展，从而守住属于学生天地的学校。不进则退。如果兄弟学校发展了，自己的学校依然面貌如故，也会被无情淘汰。

四是自己的精神状态。时代的要求、家长的期望、兄弟学校的发展都是客观的挑战，这些挑战一般来说是容易应对的。最难的是自己的精神状态，是有没有勇气去应对挑战。许多人的失败不是因为困难的强大，而是因为自己的软弱。迎接挑战，首先要战胜自己。保持一个永不满足、积极向上的心态，对校长来说是至关重要的。

"抱着炸弹睡觉"是一个形象的比喻，它告诉校长要有紧迫感和危机感，预见可能出现的困难，采取相应的对策，不断开创学校工作的新局面。

八十五比十五

从某种意义上说，良好的人际关系是成功的关键。通过努力，形成平等、民主、和谐、宽松的氛围，为学校的发展与每个人的成功创造一个良好的人际环境。

卡耐基曾经说过："一个人事业的成功，人际关系占百分之八十五，而专业知识仅占百分之十五。"这是一个耐人寻味的比例。卡耐基得出的结论自有他的道理，他提醒我们从另一个侧面认识人际关系的重要性。

近来看中央电视台的《对话》栏目，恰巧是与一个外国企业家的对话。这位企业家主张把领导和管理的原则性理论具体化、生活化。当主持人问他原则性的理论具体化以后你感受最深的有几条？这位企业家说了三条：第一条是善于聆听。在与同事交流时，不轻易打断对方的谈话，在聆听中汲取营养，有用的予以采纳，无用的也要作为参考，聆听以后再说话失误较少。第二条是站在别人的立场上想一想。他举例说：卡耐基喜欢钓鱼，用什么诱饵呢？他用的是自己喜欢吃的奶油和草莓，结果，很长时间没有钓到一条鱼。后来，听人说鱼喜欢吃的是蚯蚓，他改用蚯蚓做诱饵，果真钓了不少鱼。这个故事启发我们：决策和结论都是从客观中来的，只有站在别人的立场上想一想，才能做出正确的决策并把事情做好。第三条是给别人留面子。人都有自尊心，留面子就是尊重和保护别人的自尊心。自尊心一旦受到伤害，那是要付出沉重的代价的，受损失的除了个人外，还有集体。

这位企业家感受最深的三条自然也有他的道理，它佐证了卡耐基的说法，从另一个角度说明人际关系是成功的关键。

人际关系祥和、友善，社会秩序必然安定、团结。社会稳定，是所有的人和各行各业走向成功的必要条件。同时，和谐、友善的人际关系，是理想信念、思想情感、伦理道德的交流，通过理想信念的交流，思想情感的沟通，伦理道德的展示，推动社会文明的进程。人际关系归根结底是建立在人的综合素质的基础之上的，良好的个人素质是和谐的人际关系的重要基础。

校长要有良好的人际关系，并以此带动全校师生形成一个宽松、民主、平等的氛围，为每个人的成功与发展创造一个理想的人际环境。

不可忽视的财富

　　每个学校都有一批退下来的教师和职员，他们曾经为学校的发展付出过青春，作出过贡献，是不可忽视的财富。校长要尊重他们，并且根据情况放手使用，唤起他们的第二青春。

　　一所老中学，据说它的前身是清代的一个书院。校长是一位四十多岁的中年人，文雅中透着坚毅，憨厚中透着机灵，第一次接触，他就强烈地吸引了我。

　　老学校了，自然离退休的教职工多。这所中学离退休的教职工中，几乎一半的人还在工作着。我问校长："这些人都在做什么？"校长略作思考后归纳起来告诉我："大致有三种情况：第一种是身体允许，又具有改革意识的老师继续带课；第二种是参与学校的教学、科研、公寓管理、校园文化建设、心理健康教育和心理咨询活动；第三种是每周定期参加教研活动、听课，并向学校提出教育科研和教学改革的意见或建议，为学校的发展出谋划策，做参谋，当顾问。"校长停了停说："退下来的老教师都具有很强的敬业精神，与其说他们是在协助我们工作，不如说他们是在带动我们工作，用他们认真、负责、严谨、踏实的思想作风和工作作风影响和感染着全校师生。"

我问校长："你是如何解决他们的报酬的？"因为这是一个现实的问题。校长笑了笑说："学校经费很紧张，我们只能根据工作量和学校的财力，象征性地给点补助。"

听完校长的话，我想起了认识的一位老同事。他退休后，被聘到一家企业协助工作。效益好，就发给聘金；不好，几个月甚至一年毫无报酬，但是上下班的那个准时性，工作的那股认真劲，仍然和在职时一样。好多人不理解，他却总是笑笑说："有事做就好。"

是啊，"有事做就好"，这是退下来的人的普遍想法。几十年按时上课下课、开会学习，突然停下来，谁也不习惯。安排他们做些力所能及的工作，不仅对学校有好处，对他们也有好处。他们会感到学校没有忘记他们，他们仍然体现着存在的价值，会更加精心地工作。

每个学校都有一批退下来的教师和职员，他们曾经为学校的发展付出过青春，作出过贡献。他们是重要的教育资源，是宝贵的物质财富，要尽可能放手去用。

资源和财富就在身边，只要校长尊重他们，退下来的人将把它看成最大的报酬，从而焕发第二青春，为学校的发展竭尽全力。

如何评价一节课

引导学生发现问题、独立思考、寻找答案，让学生沿着"是什么—为什么—怎么办"的轨迹去认识客观事物，不仅学会，而且会学，这应该成为课堂教学的追求。

一所中学要搞观摩教学，评出学校的教学能手，我被聘为评委。听课前，评委们在一起进行了讨论，目的是能有所突破，明确一节好课的标准。通过讨论，达成了以下共识：

课堂教学并不在于教师"讲"得如何，而在于教师"导"得如何。所谓导，就是通过教师的讲解、启发、设疑、提示等，调动学生的内在因素，引导学生发现问题、独立思考、寻找答案。

发现问题要解决的是"是什么"，让学生知道这是什么，那是什么，也就是我们经常说的"知其然"。一节好课不是讲得什么问题也没有了，而是学生在明确本节课教学重点的基础上，还能够引发出许多联想、想象甚至疑问。老师不应该把馍馍嚼烂了喂进学生嘴里，而应该引导学生自己去寻找知识的亮点，通过合作与交流去发现问题。

　　独立思考要解决的是"为什么"，让学生知道这为什么，那为什么，也就是我们经常说的"知其所以然"。一切社会现象和自然现象的形成有着客观规律和自身原因，这就是"为什么"。对于这些规律和原因，要让学生独立思考，经过思考知道为什么。

　　寻找答案要解决的是"怎么办"，让学生知道如何处理与应对问题，找出解决问题的办法。传统的做法是把解决问题的办法告诉学生，所以学生停留在"学会"了的地步；现代的做法是让学生自己寻找解决问题的办法，这样才能培养出"会学"的学生。我们经常说"授之以鱼，不如授之以渔"，"领着学生走进知识的宝库，不如让学生找到钥匙，打开知识宝库的大门"，就是要让学生寻找解决问题的办法，这是培养创造型人才的唯一途径。

　　"是什么—为什么—怎么办"是认识世界的客观过程，人类正是沿着这一轨迹认识了客观事物的奥秘，发现了客观事物发生、发展的规律，从而改造了主观世界，也改变了客观世界。课堂教学作为学校教育的主要渠道，实质上是通过教师主导的教学活动，领着学生沿着"是什么—为什么—怎么办"的轨迹去认识世界。所以，能让学生发现问题、独立思考、寻找答案应该成为课堂教学追求的标准。

校园里的名言警句

　　向师生征集名言警句，让师生的名言警句展示在学校的每一个角落，一可以培养学生的民主、平等观念，鼓励学生破除迷信、独立思考、向往美好；二可以培养学生的竞争意识，参与就是竞争，参与就有收获；三可以形成一种激励和约束机制。

　　名言警句是校园文化的一个重要组成部分。有一年我参观了一所中学，他们校园里的名言警句别具一格，让我很受启发，介绍出来，赞同的校长不妨一试。

　　这所中学的名言警句全部来自本校的老师和学生，每一条的后面都落有姓名。位置、格式、制作、书写由学校负责，形式与内容巧妙结合，看上去让人觉得朴实大方，亲切自然。

　　校长说，学校有一个"名言警句征集小组"，由老师和学生共同组成，每学期征集和更换一次，每次五十条，有五十位老师和学生"榜上有名"。教室和公寓的名言警句，一般也是半年征集并更换一次，格式和制作由各班班主任和学生负责。学校每年评比一次，对于内容健康、个性突出的给予奖励与表彰。几年来，名言警句成了校园亮丽的人文景观，它们不仅装点了校园，更激励了师生。

这是一个很有创意的举措。

第一，它体现了民主和平等的观念。名人可以有名言警句，普通中学生也可以有；老师可以有名言警句，学生也可以有。凡是发自内心的积极向上的话，无论对自己还是对他人，都是一种激励，这对鼓励学生破除迷信、独立思考、向往美好是大有益处的。

第二，它有利于增强师生的竞争观念。一学期征集并更换一次，滚动式地展示师生的名言警句，人人参与，优中选优，这种做法激励了师生的竞争意识，有利于引导学生通过实践树立竞争观念。同时，它的意义远远超出了名言警句是否入选，而是倡导一种参与意识。参与就是竞争，参与就有收获。

第三，它对所有师生既是一种激励，也是一种约束。试想，入选的名言警句被制作成精美的艺术品展示在那里，自己看了一定感到自豪与荣耀。同时，他也会按照名言警句的表述去要求自己，于是激励又变成了一种约束。

我们经常说要尊重学生的主体地位，调动学生的自觉性、主动性和积极性，这所中学向学生征集名言警句的做法就是一个成功的举措。

关于德育研究

缺乏研究的德育是肤浅的。确立科研意识，加强
德育研究，向科研要质量，应该成为一种观念。

确立科研意识，加强德育研究，向科研要质量，应该成为一种观念。

德育研究就是对实践的总结，通过反思，找出规律，揭示事物的本质，从而把实践升华为理论。

德育研究主要应该围绕以下三个方面进行：

一是研究学生。包括一个年龄段的学生在心理、认识上的特点；不同学生的个性差异；学生出现反复的规律；同学与同学交往的特点；学生与老师交往的心理；家庭对学生的影响；学生喜欢参加哪些活动；有的学生为什么会孤僻、自卑；学生出现逆反心理的原因；少数学生出现恶作剧甚至报复老师的原因；学生被表扬或批评后的心理；学生欢迎什么样的老师；如何保护学生的自尊心；如何激发学生的自信心；如何根据不同学生的个性开展工作……研究越深入，了解就越全面，方法就越有针对性。

二是研究内容。包括不同年级在内容上的不同安排；不同学

生的不同要求；如何根据学生的认识与接受能力讲解德育内容，做到由浅入深、由低到高、循序渐进；如何通过教学活动使学生在接受知识的过程中受到感染；如何把政治、思想、道德、心理等方面原则性的理论与要求具体化、生活化；如何选择和利用身边的人和事教育学生……只有注重研究，才能避免成人化、走过场的倾向。

三是研究形式与方法。包括如何从理论与实践的结合上讲清道理，让学生在理解与认同的基础上乐于接受；如何发挥教师的人格力量；如何体现教学活动是德育的主渠道；如何取得家长的配合与社会的支持；如何强化实践环节，让学生在实践中增长知识、磨炼意志；如何表扬学生；如何批评学生；如何让学生在集体中获得快乐，学会交往；如何营造一个学生健康成长的良好环境；如何充分利用教育资源，引导学生在社会这个大课堂里接受洗礼，经受锻炼……通过研究，找出规律，从而使德育的形式与方法更有针对性。

"三结合"的关键是学校

校长要善待家长，善待学生，让家长从校长对学
生的关爱中感受温暖，感受教育的伟大。社会是个大
课堂，校长要充分挖掘与利用各种教育资源，为学生
的发展服务。

大家都承认，只有学校、家庭、社会紧密结合，相互配合，
学校的各项工作特别是德育工作才能落到实处。如何使三者紧密
配合，形成合力？学校是关键。

每个家长都企盼自己的子女健康成长，有着与学校配合的主
观愿望，这是学校与家庭密切合作的共同基础。校长和老师既要
善待学生，也要善待家长，让家长从老师对学生的关爱中感受温
暖，感受教育的伟大。学校应通过多种形式，如家长学校、家长
会议、家长委员会、家教咨询……通报学校的重大工作，宣传家
庭教育的现代理念与方法。在开展这些活动时，不要把家长会开
成"通报会""批评会"，也不要把家访变成告状，更不要埋怨、
指责家长，这样会伤害家长的自尊心和积极性，无论对学生还是
对家长都是无益的。与学生家长相比，老师是专门从事教育工作

的，教育观念和教育方法应当优于家长。所以，老师要与家长一起研究学生，认识学生，共同探讨符合学生实际的教育方法。教育既是需要付出爱心的事业，更是需要明白如何爱的事业，如何爱才是爱的本质，才是教育的真谛。

全社会都要关心学生的健康成长，这是党和国家意志的社会化体现。我们的祖国正处在一个伟大的变革时期，改革开放使古老的大地焕发着青春，未来一定会更加美好，这是历史的必然。所有教师都要确立这样的观念，积极投身于时代的变革，正确对待变革中出现的支流，自觉地成为推动社会发展的主流。时代是开放的，只有把学生放在开放的时代里，才能培养出适应时代发展需要的下一代。因此，要积极组织学生在社会这个大课堂里接受洗礼，经受锻炼；要充分挖掘各种教育资源，利用各种教育基地为学生全面发展服务；要大力发挥各行各业英雄模范的榜样作用，让学生感受榜样的力量；要有计划、有目的地引导学生在实践中经受挫折、磨炼意志，提高学生的集体主义思想觉悟，增强胜不骄、败不馁的意志品质。

温室里长不出参天大树。只有耐得住烈日与冰雪的人，才能顶着炎夏与寒冬迎接百花盛开的春天。

大德育观

　　大德育观是由德育的内容、渠道、形式、方法和
队伍决定的。只有确立大德育观，才能使德育工作深
入人心，全面展开，收到实效。

　　德育工作涉及面广，影响深远，是一项系统工程，只有确立
大德育观，才能使德育工作深入人心，全面展开，收到实效。

　　大德育观主要体现在以下几个方面：

　　德育的内容包括政治、思想、道德、心理等。政治是做人的
方向，思想是做人的基础，道德是做人的标准，心理是做人的关
键。我们的德育目标就是把社会主义的政治观念、思想情操、道
德规范以及现代人的心理素质转化成学生的个人品质。只有全面
落实这些内容，才能塑造健全的人格。

　　德育的渠道包括学校、家庭、社会三个方面。学校是德育的
主要渠道，家庭是德育的第二课堂，社会是德育的广阔天地。只
有三者紧密结合在一起，拧成一股力量，学生才会有一个健康成
长的良好环境。

　　德育的形式包括集体活动和个别实践。无论哪种形式，都要

从学生的实际出发，为学生喜闻乐见。只有学生乐于参加，内因发挥了作用，德育工作才能落到实处。

德育的方法包括讲解、感染、实践、激励、约束等。讲解是指能从理论与实际的结合上讲清道理。让学生分清什么是真善美，什么是假恶丑；感染是指教师和家长以及所有的成年人都能为学生树立一个做人的榜样，用人格的力量熏陶、感染学生；实践是指引导学生在实践中增长知识、经受锻炼，在实践中理解，在实践中体验，在实践中养成；激励是指激发学生的内在因素，多表扬，勤鼓励，让学生体验成功的喜悦，在体验中进一步增强自尊心和自信心，乐于助人，乐于奉献；约束是指必要的规章制度和评比、检查以及批评、处分，目的在于通过少数教育多数，让学生懂得做人必须有所遵循，越轨行为是社会不能允许的。

德育的队伍包括学生家长和社会上所有的成年人，而学校及学校的教职员工的责任尤其重大。学校领导要通过卓有成效的管理，以良好的工作作风育人；每一个教师都要通过关爱学生、严谨治学的教学活动育人；所有职工都要通过耐心周到的工作服务育人。学校的每一位职工都是学生的老师，是学生如何做人和做什么样的人的老师。

说班会

　　营造一个民主、平等、温馨、和谐的氛围；班会主题贴近学生，让学生有话可说；充分发挥调动学生的主动性，让学生成为班会的主角，是成功班会的三个主要因素。

　　班会是中小学校经常进行的一种教育活动。如何使班会既富有教育意义，又让学生有话可说？这是班主任老师遇到的一个共同难题。最近，我参加了一个班会，对于解决这个问题提供了一些新的思路。

　　班会开始了，老师发给每个学生一页稿纸，接着走上讲台说："每个人都有自己的优点，也有自己的缺点，而且优点总比缺点多。发给每个同学一张稿纸，请至少写出你的三个优点。老师是班里的一员，也要写出我的优点。这就是我们今天班会的主要内容，班会主题是'我的优点'。"接着，转过身去用红色的粉笔在黑板上写了"我的优点"四个大字。大约十分钟后，同学和老师都写完了自己的优点。班主任老师笑容满面地说："同学们都非常认真地写了自己的优点。现在我们以小组为单位加以归纳整理，相同或相近的归为一条，不同的有多少归纳多少，老师的优点放在第三小组归纳整理。"各小组在组长的主持下进行整理，像刚才写自己的优点那样，还是那么全神贯注。大约十分钟后，各组完成了归纳整理，班主任请班干部走上讲台，在班长的主持下，像刚才那样再归纳整理各小组的优点。大约十五分钟后，黑板上写满了优点，我看了一下，序号写到了第二十七。沉浸在喜悦中的班主任看看满黑板的优点，再看看同学们绽放的笑脸，动情地说："这就是我们班的优点，要说富有我们最富有，因为我们有这么多优点。要说强大我们最强大，还是因为我们有这么多优点。再过十年、二十年，我们的优点比现在还会多，因为我们长大了，一定会更富有、更强大。今天的班会到此结束，请同学们起立，为我们的富有和强大热烈鼓掌。"班会在诗一般的语言中结束了，留给同学们的是充满自信的回味。

这个班会是成功的。成功原因有三：第一，老师以班级的一名成员的身份参加，平等的身份、民主的作风、动情的语言，营造了一个和谐、温馨的氛围。第二，班会主题贴近学生，学生有话可说。短短一次班会，每个学生既明确了自己的优点，又学到了别人的长处，不知不觉中增强了自信。第三，学生是班会的主角，除每个学生都写出自己的优点外，小组长、班干部也都派上了用场，发挥了作用。

一位校长的烦恼

　　面对教师流动，校长应更加努力地营造良好的业务环境、人际环境和工作环境，进一步加大培训力度，大胆信任，放手使用，一方面造就人才，另一方面吸引人才。

　　一位校长向我诉说了他的烦恼：最近几年，他所在的学校先后有七位教师调走，而且都是肩挑重担的骨干教师。他说："是我缺乏事业心吗？不是，任职以来，我把全部身心都用在了学校工作上；是我缺少感情投资吗？不是，我是从一个普通教师走上校长岗位的，教师情结奠定了我和所有老师的感情基础；是我没有重视改善工作环境与条件吗？不是，尽管经费很紧张，我还是千方百计挤出钱来培训教师，购置设备，改变环境，应该承认，学校发生了很大变化。那么，为什么还是留不住人？还是有人不断要求调走？为此，我想到过辞职也想到过调走。"

　　看来，这位校长确实烦恼。

　　我相信这位校长的人品，也理解这位校长的烦恼。随着改革开放的深入进行，人才流动已经成为一种趋势，而且将越来越普遍。面对这一过去不曾有过的形势，作为校长，怎么办呢？

首先，要平静地对待教师流动，充分认识人才流动是一种正常的社会现象。正常的人才流动有利于人尽其才，才尽其用，有益于各行各业的信息交流和深刻变革。人作为社会最重要的财富，历来是竞争的主要对象，它提醒校长，决不能安于现状，只有重视教师的培养与提高，拥有一流的教师，才能成为一流的校长。

同时，要进一步加大教师培训的力度，鼓励教师大胆创新，敢于冒尖，为教师营造一个能够充分施展才华的业务环境。要身先士卒，尊重教师，带领全校教师心往一处想，劲儿往一处使，拧成一股劲，为教师营造一个和谐、宽松的人际环境。要充分调动一切力量，挖掘一切潜力，努力改善办学条件，为教师营造一个良好的工作环境。

一位边远山区的校长曾经说："只要有心做工作，办法总比困难多。"这是一种现实的态度，也是一种豁达、开朗的胸怀。人才是相对的，凡是人，都有才。一个人在某个方面缺少优势，但在另一些方面却很有才干；有的人用好了是人才，用不好是阻力。只要大胆信任，放手使用，就会锻炼出大批人才，也能吸引来大批人才。

老师的事就是学校的事

帮助老师做好工作上的事，协助老师处理好家庭里的事，也就是做好了学校的事。

一位五十二岁的小学校长，嘴边经常挂着一句话："老师的事就是学校的事。"他是这样说的，也是这样做的。为此，老师们都很感激他，也很敬重他。

有一次，他们学校的三位老师要给全县小学老师上教改示范课。为了上好示范课，他专门请了几位教育界的同行先听课，再评课，作具体指导。修改教案后，再讲课，再评课，如此反复了三次。我发现，这位校长每次讲课都坐在那里认真听、认真记，每次评课也都坐在那里认真听、认真记。他的那股认真劲儿丝毫不亚于讲课的老师。一天吃饭时我和他说："这几天你辛苦了。"他笑笑说："老师的事就是学校的事。"这句朴实的话，让我这个外人也觉得热乎乎的。

是啊，"老师的事就是学校的事"，这是从实践中总结出来的切身体会。谁能够意识到这一点，并做好老师的事，也就做好了学校的事。

　　教师是学校的主体。校长的办学思想归根结底是通过教师去落实的。"一个好校长就是一所好学校"的含义，除了校长要把自己的办学思想、教育理念变成全体教师的思想外，还包括要把老师的事当成学校的事。只有像这位校长那样，既帮助教师做好工作上的事，又协助教师处理好家庭里的事，教师对校长有了亲近感和信任感，校长的办学思想和管理方法才能为教师所接受，并努力付诸实践。

　　"老师的事就是学校的事"还反映了一种服务意识。在学校，校长是为教师服务的，教师是为学生服务的，整个学校教育都是为学生的发展服务的。应该看到，服务意识淡薄是我们学校教育存在的一个通病。正因为这样，我们在管理上经常出现推诿、扯皮、拖拉等毛病，依然存在体罚和变相体罚等陋习，教学上的满堂灌、注入式，多种活动上的包办、代替现象，深层的原因也在于缺乏服务意识，没有调动学生的内在动力。这位校长把老师的事当作学校的事，主动为教师服务，为教师树立服务意识做出了榜样。它可以让教师领悟到：应该把学生的事当成教育上的事，帮助学生解决发展中遇到的各种困难。帮助学生解决困难的过程，就是激励学生内在动力的过程。教师有了服务意识，学生才能生动、活泼、主动地成长。

躺着说话的老师

从某种意义上说，教师是凭人格的力量在工作。如果教师不注意自己的言行，要求学生做到的自己反而不去做，这样的教师将失去信任，没有威信。而没有威信的教师是不可能取得好的教育、教学效果的。

有一年，我随同一位领导下乡调研，路经一所专门培训中学教师的教育学院时，已经是下午五时了。我们没有惊动学院领导，径直走进学员宿舍，两位学员毫无表情地躺在床上。我们问："你们是脱产进修还是函授学习?"回答说："函授。"又问："你们是教什么课的?"回答说："中文。""学习多长时间了?""七天。""还要学习几天?""七天。"从我们进门，到我们离开，两位老师一直是躺着说话的。

由此，我想起了一些见怪不怪、习以为常的现象：升旗时，要求学生庄重、严肃，而有的老师却背着双手，叉着两腿；遇到老师，要求学生主动问好，而老师却"来而不往"，有的老师甚至面无表情，冷落了学生火热的心；劳动时，要求学生态度积极，全身心投入，而老师们却站在一旁，指手画脚；生活中，要求学生遵守公德，礼貌待人，而有的老师在与学生接触时却忘了礼貌，不讲究方式……

行为习惯是人的整体素质的外在表现。我们经常说"老师是在最严格的监督之下的"。谁在监督？全体学生，整个社会。为什么？因为对教师寄托着希望。如果我们的教师不注意自己的言谈举止，要求学生做到的自己反而做不到，这样教师将失去信任，没有威信。而不被学生信任的教师是不可能取得好的教育、教学效果的。

所以，实施素质教育，抓好德育工作，首先要从教师抓起。"强将手下无弱兵"，这是大家都承认的道理。办学校也像带兵一样，有什么样的校长，就有什么样的教师；有什么样的教师，就有什么样的学生。教师的榜样力量是巨大的，它可以影响、感化和激励学生像老师那样为人处世、严谨治学。在学生眼里，校长是高尚的，教师是神圣的。他们纯洁的心灵就像洁白的纸，良好的身教会描绘出美丽的图画，不好的言行也会留下遗憾的污点。

为了自己，让我们从现在做起；为了学生，让我们从自己做起。

"学校首先是书籍"

物质与精神是人类社会的两大财富。图书资料是人类社会创造并积累起来的最珍贵的精神财富。

1984年，我被任命为山西省教育学院院长。到任前，专门拜访了念大学时同学们都很敬重的一位老教授，想听听他的指教。老教授说："选好教务长、总务长和图书馆馆长，放手让他们工作，你只做你应该做的事。"还像当年给我们上课那样，干脆利落，言简意赅。

教务长以学校教学为主，总务长关乎"民以食为天"，选好这两个"长"道理是明显的。但对于选好图书馆馆长的含义，当时并不十分理解。

事实上，学生对于图书馆的期望丝毫不亚于对食堂的要求。我发现，图书馆的人总是满满的，静静的。有的学生为图书资料不足提意见，一些老师还为改进图书馆建设联名写了建议信。这时，我才理解了选好图书馆馆长的含义。

知道了图书资料的重要性，就要花力气办好图书馆。在经费非常吃紧的情况下，我们每年都要设法挤出一笔专款购置图书资料，特别把信息量大、周转快的报纸杂志作为订阅重点。为了把有限的经费用在刀刃上，图书馆没有"闭门造车"，而是把订单发给老师和学生，先征求他们的意见，了解他们最需要的读物。同时，在图书馆的管理上也做了相应的改革，增加了阅览时间，实行了开架阅览，方便了教师借阅，刊出了新书介绍，引进了新书销售，开设了电子阅览。经过努力，图书馆充实了内容，方便了师生，大家都很高兴。

一位从英国进修回来的老师对我说，国外流行着一句话："如果把大学比作女王头上的皇冠，那么图书馆就是皇冠上的宝石。"我理解，这颗宝石不仅仅是一个"装饰品"，更体现着一种内涵，代表着一种价值，那就是财富，是人类社会创造并积累起来的精神财富。

有人说，读一本好书就是同伟人的一次对话；还有人说，书籍是认识世界的阶梯。"学校首先是书籍"这句话尽管有点极端，但我还是选择它作了本篇短文的标题。目的在于提醒校长在加强信息网络建设的同时，还应当重视图书馆资料的积累，选好图书馆馆长，抓好图书馆建设。

如何使学校"活"起来

　　创造性和开放性的办学理念，人情味和灵活性的管理思想，是学校"活"起来的关键。

　　教育是一种创造性的工作，创造性的工作应该具有活力；学校是青少年集中的地方，青少年集中的地方应该充满活力。

　　如何使学校"活"起来？可以说出许多方面，但最主要的是校长的办学理念和管理思想。

　　校长的办学理念应该具有创造性和开放性。所谓创造性，就是着眼未来，坚持改革，不因循守旧，不人云亦云，而是根据学校教育的发展规律，努力做到办学有新的思路、方法有新的举措、学校有新的变化；就是要大力提倡和鼓励教师注重科研，敢于标新立异，人人都有科研项目，人人都有科研实验，人人都有科研成果；就是要勇于承担责任，因为创造性工作有时候是会失败的，这是很正常的现象。无论对于自己的失败还是他人的失败，校长都要承担责任，营造一个宽松、和谐的学术氛围，鼓励教师把教育科研工作坚持下去。所谓开放性，就是教育思想要开放，校长要把自己的教育思想变为所有教师的教育思想，让大家在实践中升华按规律办学的自觉性；就是教育内容要开放，除了教材内容外，还要大力挖掘校内校外的教育资源，充分利用一切教育资源武装学生，为学生的全面发展服务；就是教育方法要开放，根据学生的心理特点和认识规律，不断研究与改进教育、教学方法。只要方法具有针对性，学生喜闻乐见，各项工作就会取得实效性。创新就是改革。只要坚持不懈地改革开放，学校就会"活"起来。

校长的管理思想除了一般的管理原则与方法外，更应该突出人情味和灵活性。突出人情味，是因为教育是一种需要付出爱心的事业，校长关爱教师，教师就会把从校长那里得来的关爱输送到学生身上，学生就会把从教师那里得来的关爱变为一种动力，一种激励自己努力向上的动力。突出灵活性，是因为学生正处于发展成长的阶段，可变性和可塑性都很大，呆板的条条框框、生硬的管理方式，毫无疑问不利于学生的成长。突出灵活性并不是不要管理、放任自流，恰恰相反，是要根据学生的特点使管理更有效、更实际。灵活性的重点应该放在学生身上，让学生自治自理，在自治自理中自尊自强，锻炼成长。

说用人

从某种意义上说，领导艺术就是用人艺术。校长
爱才、识才、用才，学校必然欣欣向荣。

领导艺术中，最重要、最核心的是用人，是做到人尽其才，
才尽其用，充分调动与发挥每个人的自觉性和积极性。

领导艺术中，最普遍、最困难的也是用人，是十分爱惜人
才，善于识别人才，敢于使用人才。

所以，爱才、识才与用才是领导艺术中的难点，突破了难
点，校长也就有了领导艺术。

爱才是事业心、责任感的表现。明智的校长都懂得校长的基
本特征是"借力"，是借助别人的力量搞好学校工作。所以，具
有事业心和责任感的校长都十分尊重教师，爱惜人才，并且努力
创造条件，使各类人才脱颖而出。识才首先是一种观念。校长要
确立正确的人才观充分认识人才是相对的、辩证的，而不是绝对
的、不变的，每一个人都有自己某些方面的优势，也有自己某些
方面的不足。有些人在甲地优势得以充分发挥，是人才，但到了
乙地，条件变了，优势并不突出，就需要有新的突破，用好了是

人才，用不好就可能成为阻力。人们常说"慧眼识才"。所谓"慧眼"就是要看到别人的长处与优势，不要只盯着别人的短处与劣势；就是要创造条件让所有的人都能尽情地施展自己的才华，而不是垂头丧气埋怨自己没人才。用才是一种胆略，一种胸怀。敢于用人是需要冒风险的，因为可能引来各种议论，可能遇到各种阻力，也可能遇到失败。没有胆略，优柔寡断，是不敢大胆用人的，尤其不敢启用新人和有争议的人。敢于用人还关乎自身利害，下属尽显其才，大有作为，会不会显得领导平庸无能？心胸狭隘的人是不敢大胆用人的。只有有远见卓识、胸怀宽广的人才能放开手脚，大胆用人。用人的艺术集中到一点就是用其之长，让他的优势得到充分发挥。同时，还必须细致周密地"护才"，包括创造各种条件，营造良好的人际关系，加大培训提高的力度，大胆使用与严格要求相结合，帮助教师减少失误，克服自身的不足……

综观古今中外的历史，凡是事业有成者，都是善于用人之人。"路线确定之后，干部就是决定性因素"，从这个意义上说，领导艺术就是用人艺术。校长爱才、识才、用才，学校必然欣欣向荣。

校长心理 ABC

营造良好的人际关系，用自己务实的工作作风带出好的教风与学风，努力改善工作条件与环境，是保持良好心态的三件大事。因为良好的心态不仅是自信的表现，更是成功的基础。

在客观事物的诱发下，人会产生一系列心理活动。一般来说，当客观事物符合人的需要时，心理活动是积极的，在情绪和情感上表现为兴奋、满意、愉悦、赞赏；当客观事物不符合人的需要时，心理活动是消极的，在情绪和情感上表现为懊丧、不满、忧虑、愤怒。积极的心理活动会产生积极的行为，情绪高涨有利于工作的开展；消极的心理活动会产生消极的行为，情绪低落自然会影响正常工作。所以，有人早就指出："老师不能把情绪带进教室，校长不能把情绪带进学校。"

哪些客观事物最容易诱发校长产生积极或消极的心理活动呢？一是人际关系，二是工作状况，三是工作条件与环境。

校长的人际关系与校内教职工之间的人际关系决定学校工作的成败。良好的人际关系能使人觉得温馨、和谐和安全，能保持愉快的心情，把主要精力集中到工作上；紧张的人际关系使人猜忌、孤独和不安，思想上总是有所防备，互相扯皮，分散工作精力。所以，校长除了保持健康的心态外，最根本的还是要以身作则，带头营造一个良好的人际关系环境。

校长本人的工作状况和教职员工的工作状况直接或间接地影响着心理活动。工作顺利，成绩突出，大家满意，上级表扬，心情是兴奋的，这种积极的心理会转化为一种动力，促使自己"更上一层楼"；工作实绩平平，甚至经常出现一些失误，互相埋怨，情绪是低沉的，这种消极的心理如果得不到克服，发展下去会变成一种障碍，形成恶性循环，使学校工作与兄弟学校相比差距越拉越大。所以，校长要扎扎实实做事，每年做几件实事，用自己务实的工作作风，带出好的教风与学风。

工作条件与环境会影响人的心理活动，是因为人在不同的环境里心情是不一样的。学校整洁、优美，人的心情是舒畅的，舒畅的心情使人豁达、平静，从而减少工作失误。学校如果杂乱、肮脏，人的心情是沉闷的，沉闷的心情使人意志消沉，精神不振，甚至对工作毫无兴趣。所以，学校环境是一种重要的教育资源，它既可以影响人的心理，又可以熏陶美的心灵，作为校长要高度重视，努力抓好。

为"教师沙龙"叫好

"教师沙龙"是相互研讨、学习与交流的一个平台，校长应该为老师们提供这样一个平台，通过交流，互相借鉴，从而达到促进工作的目的。

有一所学校定期举办"教师沙龙"，围绕学校各项工作的改革，特别是教学改革，校长与老师们各抒己见、平等交流。我参加的那一次，中心议题是新一轮课程改革，十多位老师发了言。有谈调动学生主动性的，有谈学生个性培养的，有谈开发学生的非智力因素的，有谈挖掘教育资源的，有谈教师主导作用的，有谈教学生活化的……我听了觉得很好，好在老师们思考的也正是新一轮课程改革的重点，好在老师们的发言非常重视联系自己和学生的实际。

校长介绍说：学校除鼓励和支持教师承担省、市、县的教育科研课题外，每年还出台一个科研课题指南，供老师们选择研究。科研的目的在于探究规律，科研的成果贵在推广，因此又办了个"教师沙龙"，为老师们研讨、交流提供一个平台。"教师沙龙"的举办，唤醒了老师们的科研意识，促进了教育科学研究，涌现出不少靠科研提高教育教学质量的实例。"向科研要质量"已经成为所有老师的共识。

学校出题目，大家做文章；校长搭平台，教师来交流。没有条件要求，不需要经费投入，这位校长举办"教师沙龙"实在是一项明智的举措。

这位校长能做到的，相信绝大多数学校也能做到，关键还在校长的科研意识。时代发展到今天，单凭热情是做不好工作的，单凭经验更做不好工作，必须靠对教育的忠诚加上科学的态度。而科学的态度就是强烈的科研意识、扎实的科研精神，通过实践与实验，探究事物的本质，按照客观规律进行工作。学校教育的特点决定了科学态度的极端重要性。许多校长不是缺乏热情，但是为什么学校变化不大？是因为科研意识淡薄。许多教师不是不爱学生，但是为什么走向了学生的对立面？是因为没有研究学生。学生在变，而我们的观念和方法不变，这就形成了矛盾，影响了工作。所以，校长要重视科研，并且带动教师形成一个浓厚的科研氛围，在科研中更新观念，在科研中认识学生，在科研中改变方法，通过科研深化改革，提高质量。

说远见

　　没有远虑，必有近忧。校长的远见源于对教育本质的深刻理解，对社会发展的正确认识，对实际情况的清醒把握。

　　远见对于各行各业的领导人来说都是重要的，因为没有远虑，必有近忧。对于校长来说，远见卓识就更加重要，因为学校承担着培养各行各业人才的任务。邓小平同志为北京市景山学校题写的"教育要面向现代化，面向世界，面向未来"，深刻地揭示了学校教育做的是明天的工作，只有站在战略的高度，才能培养出适应世界、挑战未来的人才。

　　校长的远见源于对教育本质的深刻理解。学校教育是根据社会的要求和学生身心发展的规律进行的有目的、有计划、有组织的活动，通过传授知识与技能，培养思想觉悟与道德品质，发展智力与能力，把学生培养成能够为社会服务的人。透彻理解教育的本质对校长来说就是远见。因为只有理解教育是一种培养人的社会活动，才能站在社会要求的高度，着眼于学生的身心特点与发展规律，把学生培养成能够服务社会的全面发展的人。

校长的远见源于对社会发展的正确认识。一方面，社会总是向前发展的，即使有困难、有波折，追求和平、民主、自由、富裕始终是社会发展的主流，这是任何力量也阻挡不了的。另一方面，推动社会发展的科技含量越来越高，人的文明程度越来越高，要求未来人的素质也越来越高。只有正确认识社会发展的必然规律与趋势，才能具有高度的责任感，为学生打好适应社会发展的思想基础、知识基础和能力基础，真正做到"一切为了学生，为了学生的一切，为了一切学生"。

校长的远见源于对学校实际情况的清醒把握。学校与学校之间在师资力量、学生基础、教学设备、办学经费等方面都存在着区别，这些都是办学必须重视的因素。校长对自己的实际情况要心中有数，既不被优越的条件冲昏头脑，也不因自己的条件薄弱失去信心；要紧的是保持清醒的头脑，可贵的是始终如一的热情与勇气，努力在各自的基础上向前发展。实际情况不是安于现状的借口，恰恰相反，清醒把握实际情况的目的正是为了改造客观，实现主观愿望。伏尔泰说过，使人疲惫的不是远方的高山，而是鞋里的一粒沙子。倒掉鞋里的沙子，我们就会登上高山。

幽默是"味精"

老师的幽默，会使学生觉得老师可亲、可爱；校长的幽默，会使老师觉得校长民主、平等。有了这样的人际关系，学校必然充满朝气。

我刚参加工作时，不会接听电话。一天，电话铃响了，拿起来一问，长途，是找处长的。我把话筒扣上，赶快到另一个办公室叫处长。处长拿起电话"喂喂"了两声，没有回音，扣上话筒就走了。一位老干事悄悄告诉我：把话筒扣上，线路就断了，应该把话筒放在一边。感谢老干事教我打电话，庆幸他没有当着处长的面"暴露"我。事情过后，心里暗想：原来处长也不会打电话。

不一会儿，电话铃又响了，长途，还是找处长。这回学会了，把话筒放在一边，赶快叫处长。处长说完话后，悄悄对我说："你这小鬼，先学打电话。"那声音低得只有我能听见，那没有一点笑意的脸在我看来好像盛开的花。啊！原来处长是会打电话的，只是为了给我这个"大学生"留点面子，才佯装不会。多么幽默的处长！正是处长的幽默，才使我觉得他可亲、可敬、可爱。

有一年，处长要给分管教育的副省长汇报扫盲情况，临去时通知我参加。我想，这是让我记录一下副省长的有关指示。早就听说这位副省长非常严厉，批评人不讲情面，越想心跳得越厉害。进了办公室，找来一把椅子，坐在我应该坐的位置上。副省长拍拍沙发说："就我们三个人，过来，坐在这里，沙发又不是老虎，不吃人。"处长笑了，我不敢笑，轻轻地坐在沙发上，紧绷的神经放松了许多。噢！原来严厉就是坦率，是什么就说什么，怎么想就怎么说。好的表扬，坏的批评，眼里容不得沙子。副省长的幽默使我对严厉有了新的认识，对这位领导也有了新的理解，崇敬之情油然而生。

幽默是"味精"，它可以调节人与人之间的关系，使人与人之间变得宽松、和谐、亲切。老师的幽默会使学生觉得老师可亲、可爱，校长的幽默会使老师觉得校长民主、平等。有了这样的人际关系，学校必然充满朝气。

关于内涵发展的思考

内涵发展的关键是调动教师与学生两个方面的积极性。

教师申请调动，学生要求转学，经费严重短缺，是不少校长面临的三大苦恼。这些现象现在存在，将来也可能还有。面对困难，校长应该怎么办？由此，我想起了一些行业挖潜增效、内涵发展的报道。许多困境中的企业、商店甚至部门，通过一系列改革措施，终于走出了困境。虽然学校与企业不一样，但是挖掘潜力、提高效率、依靠群众的力量、调动群众的积极性，是任何行业生存、发展的共同规则。所以，校长不妨对内涵发展作一些思考。

所谓内涵，就是概念或事物的本质内容。学校的内涵是什么？学校是培养人的地方，通过教师的辛勤劳动和学生的勤奋学习，为国家培养和输送各级各类人才。这样说来，内涵发展的关键是调动教师和学生两个方面的积极性。

政治、经济、生活、人格待遇是教师积极性的基础。在这些待遇上，校长并非无能为力，而是大有作为。校长要信任教师，相信每个教师都有做好工作的强烈愿望，相信每个教师都有成功的可能。信任可以转化为力量，教师会把校长的信任体现到行动上，兢兢业业做好自己的工作。作为一个教师，能得到别人的信任，特别是校长的信任，他的心情是愉快的，情绪是向上的，这就是政治工作的作用。校长要努力改善教师的经济待遇和生活条件，每年办几件实事，让教师感受到校长在努力、条件在改善。校长和教师除了领导与被领导关系外，更重要的是同事关系与朋友关系。因此，校长要充分尊重教师的意见和建议，尊重教师的工作方式与生活习惯，尊重教师的兴趣、爱好与个性特点。尊重本身就是一种亲和力，它可以使教师感受到这样的校长可亲、可敬，跟着这样的校长既舒畅又安全，从而把全部精力集中到工作上。

与调动教师的积极性相比，学生的积极性是更容易调动的。但由于传统观念的束缚，我们的学生长期处于被动的状态下，主动性和积极性受到很大压抑。影响学生积极性的是不平等的师生关系。因此，调动学生的积极性首先要从改变师生关系入手，建立一个民主、平等、和谐、友善的师生关系。学校教育中，教师是外因，学生是内因，内因有了自觉性和积极性，外因才能发挥作用。因此，教师要尊重、理解、关爱每一个学生，让学生从教师的语言里或表情上得到温暖，获得力量，从而把这种体验转化到学习上。有了学生的积极参与，我们的教育效果必将发生质的飞跃。

校长的胆与识

胆是不怕失败的勇气，识是对客观事物发展的科学预测。校长应该有胆有识。

不久前到山西省太谷中学，校园的变化让我大吃一惊，20 世纪五六十年代建造的平房不见了，取而代之的是新颖的教学楼、实验楼、科技楼、图书楼和公寓楼，正在修建的塑胶操场已初见端倪。室内设备更令人振奋，图书馆从入馆、出馆、阅览、借书全部实现了计算机管理；物理、化学、生物实验室明亮整洁、井然有序，多个教室配备了投影和计算机；师生告别了粉笔灰尘飞扬的历史，学校开通了校园网，教师人人配有计算机，全校实现了"班班通""家家通""室室通"。

我问校长："大变化需要大投入。你欠了不少账吧？"校长笑笑说："欠了。为了给师生创造一个良好的工作成长环境，我们是用明天的钱办今天的事，用社会的钱办学校的事，通过上级划拨一点、学校集资一点、银行借贷一点的办法，一年改造一片，就这样走过来了。"

好一个"用明天的钱办今天的事，用社会的钱办学校的事"，这是需要胆量的。

"硬件上去了，关键是软件。"我无意识地说。校长紧接着我的话说："这几年，我们把观念的转变放在第一位。通过教育观念的更新，确立以学生为本、以学校为本、以发展为本的'三为本'观念。强调打好'三个基础'：为学生做人打好人格基础，为学生升学打好知识基础，为学生发展打好创造能力基础。通过建立健全各项规章制度，充分调动教职员工的积极性和主动性，严格实行优者进、能者上、平者让、庸者下的用人机制。平平稳稳占位子、忙忙碌碌装样子、迷迷糊糊过日子的人就坐不住了，真正做到人人有岗、人人有责。教师是学校的主体，教师的观念直接决定着教育质量。几年来，我们抓了'五个转变'，强调教师要由主从型向民主型转变，由权威型向服务型转变，由经验型向科研型转变，由单元型向多元型转变，由封闭型向开放型转变。教师新观念的确立，直接受益的是学生，激发了学生的活力，学生主动参与学校的各项活动，一切为了学生才真正落到了实处。"

意识到观念指导行动，注重观念更新，这是需要有见识的。胆与识是密不可分的，所以才有"胆识"的说法。"胆"是决策、做事的勇气，"识"是对客观事物发展的科学预测。胆是识的结果，识是胆的基础。作为校长，既要有不怕失败的精神，又要有对教育客观规律的深透理解，只有这样才能有胆有识。

话说教育艺术

　　自尊、自信、自强是优秀的心理品质。教育艺术
的核心是让学生自尊、自信、自强。

　　教育艺术是指富有创造性的方式、方法。可见，创造性是教
育艺术的核心。

　　20 世纪 30 年代，陶行知先生就发出了《创造宣言》，指出
"处处是创造之地，天天是创造之时，人人是创造之人，让我们
至少走两步退一步，向着创造之路迈进吧！""处处、天天、人
人"是说创造并不神秘，任何地方、任何时候、任何人都可以创
造；"走两步退一步"是说创造也有困难，它是需要付出艰辛和
承受失败风险的。陶行知先生之所以发出宣言，是告诉世人：只
有创造，才能向前。

　　教育目标确定之后，教师的方式、方法就成了实现目标的决
定性因素。不考虑方式、方法，达不到目标；不讲究方式、方
法，影响实现目标的效果。所以，研究和提高教育艺术应该成为
校长办学理念中的一个重要组成部分。

　　在学校，教育艺术的主动权把握在校长和教师手里。因为我

们的服务对象是正处在成长发育中的学生，他们犹如刚刚破土而出的幼芽，急需精心呵护，方式、方法稍有失误，将会影响他们的健康成长。有人说"仅有爱是不够的，如何爱才是爱的本质"。从"如何爱"出发，教育艺术有时候其实就是一个善意的微笑，一次说理的批评，一个真诚的鼓舞，一次巧妙的沉默，一个诙谐的幽默，一次耐心的等待，一个肯定的表情，一句美丽的谎言……这些，对于教师来说并不难，谁都可以做到。

但是，为什么没有做到，或者做得不好？问题出在观念上。所以，把握教育机遇，讲究教育艺术，还得从更新观念做起。

民主、平等、和谐、友善的师生关系，是教育艺术的基础。反思我们有些教师的失败，不是主观愿望，不是工作态度，而是方式、方法。因此，教师要理解学生，理解学生是渴望得到尊重的。要营造一个良好的人际氛围，把学生作为一个社会人看待，使他受到尊重。同时，引导同学之间相互尊重，使他们懂得既要尊重自己，又要尊重他人。尊重学生是教育的需要：只有尊重学生，才能换来学生对老师的尊重；只有老师首先尊重学生，才能引发学生内心的自尊。教师要相信学生，相信每个学生都有积极向上的强烈愿望。要创造各种条件，让学生体验成功的喜悦。如果说成年人对"失败是成功之母"容易理解，那么中小学生更接受"成功是成功之母"的说法。相信学生也是教育的需要，教师相信学生是学生向上的动力，教师相信学生也是自己工作的动力。教师要善于激励，这是教育艺术的重点。要把学生从恐惧、紧张的压力下解脱出来，还学生天真、活泼的本来面貌。特别是当学生有了错误、失败时，更需要教师的理解、同情与关爱，简单的训斥、粗暴的惩罚，带给学生的只能是伤害。学生越是处于低潮时，越是需要激励。善于激励同样是教育的需要。通过激励，让学生的自觉性、主动性得以充分张扬，这就是自强。

勤于思考

思考是对已经做过的工作的总结，也是对将要做的工作的筹划。实践是思考的基础，思考是实践的延展。成熟的标志是勤于思考并勇于实践。

近来读报，看到一篇题为《勤奋遇到的斥责》的短文，大意是：现代原子物理学的奠基人卢瑟福对思考极为重视。一天深夜，他偶尔发现一位学生还在埋头做实验，便好奇地问："上午你在干什么？"学生回答："做实验。""下午呢？""做实验。"卢瑟福皱皱眉头继续问："那晚上呢？""也在做实验。"卢瑟福大为恼火，厉声斥责道："你一天到晚都在做实验，什么时间用于思考呢？"文章说，勤奋的学生却遇到斥责，看似委屈，实际上大师是在传授真经。很多时候人们宁可让岁月淹没在仿佛很有价值的忙碌之中，却极不情愿拿出时间进行思考，以至于思维总是在低水平的层次上徘徊，最终一无所获。

由此，我想到了学校。

校长很忙，有人甚至用"吃喝拉撒睡，生老病死退"形容校长忙碌的具体内容和辛苦程度。但是，无论如何忙碌，校长都要挤出大量的时间进行思考。思考办学理念，思考管理办法，思考教师队伍，思考学生状况。经过思考，使自己的教育思想在实践的基础上得以升华，不断革除弊端，采取新的措施，推动学校工作持续向前发展。

教师很忙，大家都承认教师的劳动是无法用时间去计算的，足见其忙碌和辛苦的程度。但是，无论怎样忙碌，教师都要抽出充分的时间进行思考。思考教育思想，思考教育方法，思考经验教训，思考学生反响。经过思考，使自己的实践上升到理性的高度，从而按照学生的成长发育规律开展教育教学活动。

学生很忙，全社会都认为现在最辛苦的是学生，真可谓"两眼一睁，忙到熄灯"。但是，无论多么紧张，都要让学生有一定的时间进行思考。孔子说过："学而不思则罔，思而不学则殆。"就是说：只读书而不思考，就会茫然无措，只空想而不读书就会疑惑不解。可见思考的极端重要性。然而，现在的情况是学生没有时间去思考，所以常常是茫然无措，只能死记硬背，忙于应付。长此下去，培养创造型人才只能是一句空话。

思考是对已经做过的工作的总结，也是对将要做的工作的筹划。在实践的基础上思考，在思考的基础上实践，终于创造了人类文明。所以，校长不仅要自己勤于思考，而且要鼓励教师和学生勤于思考，通过思考，有所发现，有所前进。

牢牢把握改革方向

　　坚持为社会发展服务，充分调动教师和学生的积极性，注重培养学生运用各种知识的能力，营造良好的教育环境，不断更新观念，应该成为校长的战略指导思想。

学校教育改革是一个永恒的话题，因为社会在发展，学生在变化，不除旧就不可能迎新。

如何把握改革的方向？以下五点是至关重要的。

一是在学校与社会的关系上，充分认识学校是社会的组成部分，学校是为社会服务的。学校为社会服务的表现形式，是通过培养和输送各级各类人才而实现的。所以，学校应以社会发展为方向，瞄准社会的需要，深化自己的一系列改革。

二是在教师与学生的关系上，充分认识教师是为学生的发展服务的。教师为学生服务除了知识的传授外，更重要的是树立做人的榜样，成为学生人格的典范。因此，各项改革措施都要注重调动教师的自觉性和主动性。教师是变化的外因，学生是变化的内因。学生能否按照社会的需要成长，内因是关键。因此，各项改革措施还要注重激发学生的主体性和积极性。

三是在知识与能力的关系上，充分认识能力的重要性。"知识改变命运"是正确的，但是只有当能够运用知识去改造主观与客观世界的时候，这一结论才能成立，否则，只能是纸上谈兵，一事无成。所以，学校的各项改革既要有利于学生掌握基础知识，又要有利于学生形成运用知识的基本能力。

四是在严格管理与宽松和谐的关系上，充分认识严格管理的目的是为了创造一个民主、平等、宽松、和谐的氛围，使教师有一个良好的人际环境，使学生有一个生动活泼的成长环境。严格管理不是卡住、管死，恰恰相反，是调动教师的激情，激发学生的活力。因此，各项管理措施的制定，都应以有利于营造良好的工作、学习和生活环境为出发点和落脚点。

五是在硬件建设与软件建设的关系上，充分认识只有加强软件建设，硬件才能发挥作用。改善办学条件，更新教学设备，绿化美化校园，这些硬件都是重要的。但是，人的观念更重要，有什么样的观念就有什么样的行动。因此，学校改革要把更新观念放在第一位，在思想工作和观念更新上花大力气。只有这样，才能保证学校工作沿着正确的方向前进。

真正的教育是注重能力的培养

　　虽然在学校教育中学生的学习主要是掌握几千年来人类认识事物的经验与成果，但是教师决不只是"传声筒"，学生也决不只是简单的"知识容器"，教与学都是创造性的活动。

　　从现实需要与长远发展出发，我们的教育应该从中小学开始抓好思维能力、适应能力、表达能力、竞争能力和创新能力的培养，为他们今后走向工作岗位打下一定的基础。

　　第一，通过思维能力的培养，让学生具有科学思维的品格。思维是在表象、概念基础上进行分析、判断、综合、推理的认识活动过程，是一种极其重要的能力。虽然思维能力存在着差异，但是通过接受教育和参与实践，是可以改善一个人的思维能力的。优秀的思维能力具有全面、深刻、独立、逻辑、灵活、敏捷等品质。课堂教学实际上就是老师引领学生认识事物的思维活动。通过老师对某种现象或某种观点的扼要讲解，或者启发诱导，或者师生探究，学生对这种现象或者观点理解了，接受了，这就是一个完整的理性思维过程。所以，老师要把课堂教学当作思维品质的展示，为学生如何正确思维做出榜样。切记：老师如何思维将影响学生如何思维，在强化思维品质上万万不可掉以轻心。

第二，通过适应能力的培养，为学生适应各种挑战打好基础。人对自然和社会的适应能力，有积极应对的，也有消极应付的。学校教育就是要把学生培养成为能够适应自然和社会的人，进而达到改造自然、促进社会发展的目的。学校要通过多种活动帮助学生在实践中锻炼应对各种挑战的心理素质，比如在顺境时是沾沾自喜、满足现状？还是不知满足、继续进取？比如逆境时是丧失信心、畏缩不前？还是不怕失败、继续拼搏？比如面对困难，是回避它、惧怕它？还是正视它、挑战它？比如面对他人议论，是顶住压力走自己的路？还是躲躲闪闪，放弃自己的主张？人的适应能力是在实践中形成的，正像温室里长不出参天大树一样，唯有经过严寒的考验才能具有松柏的品格。

第三，通过表达能力的培养，提高学生的表达能力。口头与文字表达能力是人在社会交往中不可或缺的，随着社会的发展与进步，人们对于表达能力的要求越来越高。高质量的表达能力具有准确性，能够准确无误地表达自己的意见；具有敏捷性，能够迅速表达自己的想法；具有艺术性，不仅表达内容让人听懂了，而且表达方式让人觉得亲切、诚恳，发自内心愿意接受。提高学生的表达能力，一方面教师要做出榜样，成为学生模仿的对象；另一方面是创造条件，提供方便，让学生在实践中锻炼。比如，加大课堂提问或者分组讨论密度，给每个学生提供充分发言的机会；组织学生参加各种实践活动，要求学生把感受说出来，写出来；安排学生轮流主持小组会、班会、团会等，让学生在"压力"下增长才干；改进作文教学，鼓励学生独立自主地写出自己的想法；提倡学生自办手抄报，自己写稿、排版、书写、插图；召开辩论会、讨论会、演讲会等，鼓励学生在展示中提高。

第四，通过竞争能力的培养，从小确立竞争意识。"大锅饭"和"铁饭碗"的破除，极大地调动了人们的积极性，中国特色社会主义建设正以前所未有的速度向前发展。可以预见，未来社会建立在公平基础上的竞争将是十分激烈的。因此，从小培养学生的竞争意识，是学校教育一项十分重要的任务。锻炼学生的竞争能力大致可以通过以下一些活动去实践：不定期交给学生一项具有难度的任务，考验学生对待困难的态度，让学生知道人生路上并不是一路平坦，坎坷险阻时有发生，只有不怕困难，才能战胜困难；组织具有对抗性的竞赛，考查学生是否具有竞争意识，告诉学生人生就是与自己的懦弱与懒惰斗争；设置一些不伤害学生人身安全的冒险活动，考查学生的冒险精神，让学生知道任何"梦想成真"都是必须付出代价的，谨小慎微，畏首畏尾，是不会成功的；通过选举、评比、演讲、提问以及各种集体活动，引导学生参与，参与就是竞争。

第五，通过创造能力的培养，让学生把成功的命运牢牢掌握在自己的手里。虽然在学校教育中学生的学习主要是掌握几千年来人类认识事物的经验与成果，但是教师决不只是"传声筒"，学生也决不只是简单的"知识容器"，教与学都是创造性的活动。

培养学生创造能力，主要是根据学生已经掌握的基础知识和认知能力，去发现他们尚未知道的知识，并且能够运用掌握的知识去解决问题。主要途径是：1. 通过课外小组活动，考查学生的思维见解和创新意识；2. 通过作业、考试、课堂提问、师生交流、个别辅导等方式，考查学生灵活运用知识的情况和举一反三、触类旁通的能力；3. 通过课堂讨论、师生对话、小组发言等，考查学生是否具有别出心裁的奇思妙想，鼓励学生标新立异，大胆想象；4. 创设情景，或者提出一些富有想象力的问题，鼓励学生海阔天空地想，异想天开地想；5. 除完成学科教学任务外，可以布置搜集某些方面的信息为作业，培养学生获取、筛选信息的能力；6. 通过实验、实习、生产劳动以及日常生活，考查学生能不能运用知识解决问题，鼓励学生大胆进行创造性的尝试；7. 通过学校或者班级组织的各种活动，考查和锻炼学生的组织、协调能力；8. 通过经常性的学习活动，考查和培养学生独立、自主学习的习惯，这是敢于创新的基础；9. 创造条件，举办创造发明展览，锻炼学生动脑动手能力。

深化教学改革的关键是教学思想

　　教师是传授知识的"经师"，也是引领学生学习做人的"人师"，切莫重此轻彼贻误了学生的青春年华。

教学改革涉及许多问题，关键是教学思想。用开放的眼光审视我们的教学思想，以下一些关系应该认真反思，并加以解决。

（一）教书与育人的关系

　　传统上，人们常常把学校称作"书房"，把学生称作"读书的"，把老师称作"教书的"，整个学校教育突出了一个"书"字。错不错？不错。全面不全面？不全面。我们的毛病就出在这个"不全面"上。

　　正是因为这个不全面，导致一些人忽视了育人的重要性，仅仅把学校当作传播知识的场所，放松了在人的政治信仰、道德品行、思想意识等方面的培养。"学高为师，身正为范"，简单八个字，十分明确地告诉我们：作为教师，必须具有深厚的学科知识、高尚的政治和道德品质，这样才能称其为老师，才能成为学生的榜样。

事实上，教学永远具有教育性，任何一位老师的教学活动既是传授知识的过程，也是以身示范引导学生学习做人的过程。教师的一举一动不是对学生产生正面影响，就是对学生产生负面影响。按时上课下课说明老师对时间的珍惜；和蔼对待每一个学生表明老师具有爱心；认真对待教学活动中的每一个细节说明老师严谨的工作态度；充分尊重学生说明老师在用身教告诉学生要懂得尊重别人；与学生家长和谐相处说明老师具有民主作风；作业批语整齐、端庄表明老师严谨的工作作风；服饰打扮端庄得体说明老师注重细节，告诉学生细节常常决定成败；任何时候老师都是满面春风，笑容可掬，那是老师应有的职业面孔……这些都是在引领学生学习做人。

教师是传授知识的"经师"，也是引领学生学习做人的"人师"，切莫重此轻彼贻误了学生的青春年华。

（二）教师与学生的关系

教师与学生的关系本来不应该是什么问题，但是现状并不理想，相当一部分老师与学生的关系不和谐，不亲切，因而也不舒畅，大有说说的必要。

教学活动是由教师的教与学生的学两个方面组成的，缺少哪一个方面的积极性都不会收到预期的效果。教师与学生是一个和谐、统一的整体，在这个整体中，教师起着主导作用，课堂上的讲授、启发、提问、示范、引导讨论、总结，课堂外的个别辅导、批改作业、检查督促，都是为了教，使学生学到知识，学到能力，学到方法，学出兴趣。"教是为了不教"，学生离开老师也会学习，这就达到了教学目的，每个老师都应追求这种理想境界。教师的主导作用取决于教师的民主作风。不要以为教师工作可以忽略工作作风，实际上教学活动中教师的民主作风关乎师生关系，决定着教学质量。师生关系从本质上说也是人际关系，人际关系遵循的基本原则是互相理解、尊重和信任。如果教师能平等地对待学生，尊重学生，相信学生，学生就会在老师真诚的鼓励下积极参与教学活动，教师的主导作用也就落到了实处。学生的学习活动是一种脑力劳动，脑力劳动是无法强制的，任何形式的强迫、压制、命令都不会有什么效果，只有学生有了积极性，主动参与，教师的教与学生的学才会收到效果。

学生是学习的主体，教师在教学活动中的一切措施都是通过主体起作用的。如果学生的主体地位没有得到尊重，主动精神没有得到调动，内因便没有积极性，外因的力量再大，主观愿望再好，也是毫无意义的。尊重学生的主体地位并不是放任自流，恰恰相反，尊重学生的主体地位正是为了发现与培养学生身上所有的积极、健康的可贵亮点，挖掘他们积极向上的激情，克服教学中的盲目性和随意性。任何一位老师不管是否意识到了，实际上在与学生交往中总是处于主导地位，总是通过自己的引导，发挥学生的主体功能，共同完成教学任务。学生的主体地位是否得到尊重，学生的主动性能否得以发挥，归根结底在老师的民主作风和人格影响。"亲其师，信其道。"当学生感到老师可爱、可亲、可信时，他们的主观能动性就会百分之百地迸发出来，实现由"学会"到"会学"的转变。还是第斯多惠说得好："一个坏的教师奉送真理，一个好的教师则教人发现真理。"

（三）知识与智力和能力的关系

教学过程是一个传授知识、培养能力的过程。知识的积累有利于能力的形成，能力的发展又会促进知识的增长。我们经常说的智育，就是智力的培养、知识的积累、能力的形成这样一个综合体。智育包括知识、智力、能力三个部分，三个部分就像一个金字塔，塔的基础是知识，包括学生阶段应该掌握的各科基础知识。知识越雄厚，塔的基础越坚固。塔的身躯是智力，也就是我们经常说的智力因素，包括观察力、注意力、思维力、想象力、记忆力，以及可以调动智力因素积极性的非智力因素，包括兴趣、爱好、情感、意志、毅力、性格、行为习惯等。智力因素和非智力因素调动得越充分，塔的身躯便越壮实。塔的顶端是能力，包括获取信息的能力，如良好的学习态度和习惯，科学的学习方法，正确的思维方法，旺盛的求知欲望和发现问题、解决问题的能力；包括研究能力，如运用知识解决问题的能力，完成实验和作业的能力，应对考试考查的能力等；包括表达能力，如口头表达和书面表达能力；包括动手能力，如运用知识解决思想上、学习上、生活上的问题；包括创新能力，如学习、工作、组织的管理，社会活动的组织，都能另辟蹊径，有所创新。仅仅把智育理解为知识是不全面的，准确的理解包括知识的积累、智力因素与非智力因素的开发、能力的培养。

（四）课内与课外的关系

课堂是教学活动的主要场所，教材是教学工作的主要内容，这是必须坚持的，师生都必须十分重视课堂的教与学，十分重视掌握教材的基础知识。但是如果仅仅把学生获取知识和锻炼能力局限于课堂上和书本里，那就有了很大的局限性，必须重视课外活动。

在努力提高课堂教学质量的同时，要十分重视学生的课外活动，包括学校组织的和参与家庭、社会上的各种活动，这是更加广阔的课堂，有着学生取之不尽、用之不竭的丰富营养。通过有目的、有计划的活动，比如科技活动、文体竞赛、兴趣活动、创造发明、社会调查、参观访问、影评剧评、组织旅游、论文评比、演讲比赛等，可以拓展学生的视野，促进学生的个性与才能发展。

学生的课外活动是否丰富多彩，能否坚持下去收到效果，关键在校长的办学理念。有人担心课外活动会影响课堂教学，也有人担心课外活动会分散学生的精力，总之把课内的教学与课外的活动看作是矛盾的、对立的，因而除了课堂教学活动外，很少甚至没有任何课外活动，本应生气勃勃的学校显得死气沉沉，没有活力。不要担心课外活动会影响课堂教学，也不要担心课外活动会分散学生的精力，许多学校的实践证明，只要课外活动的内容学生欢迎，活动形式学生喜欢，不仅不会影响课堂教学、分散学生的精力，而且还会丰富课堂教学内容，拓宽学生的知识面，激发学生的求知欲望，提振学生的自信心，更有利于学生的全面发展。

（五）现在与未来的关系

有人说教师是做未来的工作。细细想想也是，是在为未来的人打基础，为他们参加工作后服务社会打基础。为此，教师在对待学生上要具有战略眼光，立足现在，着眼未来，能看到未来社会对人的需求。然而当下的学校被应试压得喘不过气来，"唯分数""唯升学"限制了办学的自主性与多样化，不属于升学考试的科目或者被砍掉，或者草草应付，课外活动少了，德育工作的重要性仅仅停留在口头上，音乐、体育、美术以及劳动技术教育停留在表面上，并没有落到实处。

事业心和责任感应该体现在对下一代的培养上，能够预感到几年或十几年以后社会的发展及其对人才的需求，这才是立足现在，着眼未来。未来是知识爆炸的信息社会，必须确立终身学习的观念才能站稳脚跟，有所作为，懒于学习将难以适应变化多端的信息时代。未来社会的竞争将更为普遍和激烈，缺乏竞争意识，甘愿久居中游的人不仅保不住中游，而且会被滚滚向前的浪潮淘汰。未来社会更欢迎一专多能的人才，通才加专才是重要的发展方向。未来社会不存在"铁饭碗"，相当一部分人不可能一辈子从事一种职业，应变和适应能力将考验每一个人。创新是未来的主流，守业的最好途径是创新。没有创新意识，缺乏创新能力，必将被动落后。高度分工而又紧密协作是未来工作方式的总趋势，单打独斗很难存在，唯有善于合作才能顺应时代潮流。未来的交往要求具有良好的个人素质，尤其是道德品行，这是走向成功的通行证，没有良好的道德品行将会寸步难行……这些人才品格都需要从今天抓起，这是作为教师，尤其是作为校长应该具有的战略意识。

（六）理论与实践的关系

教学活动和其他社会活动一样，都是在相应的理论指导下进行的有目的、有计划的活动，理论指导实践，实践丰富理论，这是理论与实践的辩证关系，没有理论指导的实践是盲目的，脱离实践的理论是空虚的。但是由于种种原因，我们的教育科学研究常常落后于教育实践，教学思想也常常落后于教学活动。这种不正常的现象如不改变，教学改革将无法深入。因此，每个教师都应该认真学习有关教学理论，依靠理论指导教学活动。比如要学习教育学，因为"教学永远具有教育性"。要学习心理学，因为只有懂得学生的心理才能走进学生的心里，教学活动才会具有灵活性和针对性。要学习管理学，班级教学和其他活动离不开管理，掌握系统论、信息论、控制论知识有助于教学活动的有效进行。近年来脱颖而出的程序教学法、暗示教学法、范例教学法、学案教学法、问题导学法等，都需要管理理论的支撑。

能力不是看来的，不是听来的，而是在实践中形成的。一项深得民心的好政策，是在调查研究或者反复试验的基础上形成的。一部好的文学作品，是作者在参与火热的生活基础上提炼而成的。一项重大的创造发明，是在反复试验后出现的。袁隆平没有田间的实践，不可能成为"杂交水稻之父"。梅兰芳没有舞台的磨炼不可能成为"京剧大师"。孔夫子没有与弟子们的交往，不可能成为"万世师表"……显赫的大师是这样，普通的教师也是这样，唯有实践才能提高自己，唯有不断学习，善于总结，才能成为一个有计划、有目的的实践者，这是成为"名师"的必由之路。

校长的"学生观"

成功的教育是引导，是感染，是激励，是影响，是让学生体验成功的喜悦，享受成功的乐趣，成为学习的主人。

"学生观"就是怎么看学生。作为校长只有知道学生的所思所想，才能理解他们的喜怒哀乐，并按照他们的发展规律引导他们健康成长。校长如何认识学生呢？

第一，学生是学校工作的中心。在学校，校长是为教师服务的，教师是为学生服务的，学校的一切工作都是为学生的发展服务的，学生是学校工作的中心。建立民主平等的师生关系是取得良好教育效果的前提。有些教师具有搞好工作的强烈愿望，专业知识足以胜任教学需要。但是放不下架子，摆不对位置，在学生面前不敢幽默，不苟言笑，总是一副冷漠的"职业面孔"，学生不敢亲近。有些教师工作平平或者偶有失败，原因并不出在主观愿望和专业知识上，而是出在不能民主平等地对待学生上。平等对待学生，充分尊重学生，是教育的需要。教师尊重学生，自然会赢得学生对自己的尊重，互相尊重会成为教师工作和学生成长的动力源泉。

第二，学生是学习的主人。教育不是加工制作没有生命特征的物件，而是塑造活生生的人的灵魂。我们可以用模具通过冲压锻打的方法把钢铁制作成一件精美的物件，但是不可能通过强制、高压、威胁的办法把学生培养成社会需要的人。每一位校长都应该知道，在学生成长的过程中，学生是主人，是变化的内因，教师只是外因。虽然外因是重要的，但是没有内因的积极性，是不可能取得良好的教育效果的。内因是变化的依据，外因是变化的条件，只有二者紧紧配合起来才能收到效果。训斥、歧视、冷漠、强制的做法，只能拉大师生之间的距离，让学生失去信心，最终导致教育的失败。成功的教育是引导，是感染，是激励，是影响，是让学生体验成功的喜悦，享受成功的乐趣，成为学习的主人。

第三，学生是有个性的。每个学生有每个学生的个性，一种方法不可能适应所有的学生。"因材施教"除了指学生不同的条件和基础外，还包括学生的个性，这就要求我们要根据学生不同的个性采取不同的方法。所谓教育艺术，很大程度上表现在耐心、细致、热情的个别引导上，让学生从老师和蔼可亲的个别教育中感悟真情，体验人性的温暖，这是成功教育的关键。社会是需要有个性的人的，正是丰富多彩的个性，我们的社会才显得绚丽多姿。教师的责任是鼓励、张扬学生优秀的个性特征，帮助学生克服不良的行为习惯，促进学生茁壮成长。

第四，学生是有潜力的。每个学生都有巨大的潜力，有待我们去发现，去开发。潜力就是潜在的能力。校长应该引导教师认识智商与情商的重要性。智商也叫智力、智慧，智力因素包括观察力、注意力、思维力、想象力、记忆力。凡是一个健全的人，都具有这五种能力。需知智商本身并没有积极性，比如谁都有两只眼睛，都有观察的能力。但是去不去观察，用心观察还是敷衍应对，取决于他有没有兴趣。有兴趣，不让他观察他也要千方百计去观察；没兴趣，强制他去观察他也只是表面应付而不会放在心上。智商的积极性是需要去激活，去调动的。谁去调动智商的积极性呢？情商。情商也叫非智力因素，包括兴趣、爱好、情感、意志、毅力、行为习惯等。挖掘学生的潜力就是培养和激活学生的情商，从而以他自己的情商去调动自己智商的积极性。成功的教师之所以成功，是因为他们关注学生的潜力并且重视开发学生潜力的结果。

第五，学生是发展变化的。用发展的眼光看学生，是校长应有的教育理念。有的学生接受快，有的学生接受慢，不能把接受慢的看成弱智。有的学生此时进步了，过了一段时间退步了，不能因为学生的退步而失去信心。有的学生开窍早，有的学生开窍晚，不能把开窍晚的说成愚笨。用发展的眼光看学生是自信的表现，对学生来说可以激励他们的自信心，让他们从老师语言里、表情上感到关怀，获取力量，增强信心。学生一旦有了自信心，就为他们的成长奠定了扎实的基础。

教育是一种服务

校长为教师工作服务，教师为学生成长服务，是现代教育发展的趋势，有了这一观念，学校便会融洽祥和，生机勃勃。

在学校，校长是为教师服务的，为教师的生活、学习、工作创造条件，提供方便。学校的全部工作都是围绕培养目标进行的，教什么、学什么，为什么教、为什么学，如何教、如何学，都是通过校长的服务完成的。校长全心全意和认真负责的服务态度，调动了教师的积极性，使教师把全部精力投入到教育教学活动中，这是教师的主导作用。全校工作能否生动活泼、卓有成效，取决于教师的主导作用。教师是为学生服务的，为学生的德智体美劳全面发展服务。教师的主导作用，实质上是一种服务。教师的服务不仅仅只是传授知识和技能，还要校正学生不良的行为习惯，对他们的人格形成产生影响，引导学生学会做人。

教育服务是一种观念，它通过为学生服务，促进学生全面发展，从而实现教育为政治建设和经济建设服务的目的。校长为教师工作服务，教师为学生成长服务，是现代教育发展的趋势，有了这一观念，学校便会融洽祥和，生机勃勃。

教育服务是一种激励，校长真诚为教师服务，调动教师的积极性，让教师充分发挥主导作用；教师真诚为学生服务，尊重学生的主体地位，充分调动学生的积极性。教师与学生都有了积极性，学校便有了希望。

教育服务是一种导向，学生不仅会从老师那里学到知识，学到能力，而且还能学到真诚，学到理解，学到关心，学到负责，总之，学到如何做人。

教育服务是不讲条件、不求回报的。校长为教师服务，是校长的职责；老师为学生服务，是老师的义务。这就是教育工作高尚的原因，也是全社会为什么都应该尊重教师的原因。

浅说"德智体美劳"

一座巍峨的大厦要打好基础，做人也必须打好基础。

参考有关资料，德智体美劳的核心内容如下：

关于德育

为学生打好做人的基础是我国教育的传统，德育就是打基础的伟大工程。所谓德育，就是把政治观念、思想意识、道德规范以及良好的心理素质转化为学生的个人品格。一座巍峨的大厦要打好基础，做人也必须打好基础。我们为学生打的基础就是坚持马克思主义毛泽东思想、坚持中国共产党的领导、坚持中国特色社会主义道路的政治信仰的基础，树立正确的世界观、人生观、价值观的思想意识的基础，具有爱祖国、爱人民、爱劳动、爱科学、爱护公共财物的道德规范的基础，以及智力因素与非智力因素都得到发展的心理素质的基础。

关于智育

智育是向学生系统传授文化科学知识和技能，培养学生的认识能力，并通过传授知识进行正确的世界观教育。智育是由知识、智力、能力三个部分组成的，三者构成了一座金字塔，塔的基础是知识，包括社会科学知识和自然科学知识；塔的身躯是智力，包括观察力、注意力、思维力、想象力、记忆力；塔的顶端是能力，包括自学能力、动手能力、表达能力、获取和利用信息能力、创新能力……

关于体育

体育作为教育的一部分，是传授体育知识和技能，增强学生体质，培养良好道德品质的一种有组织、有计划、有目的的教育活动。学校体育的任务一是增强学生体质，包括身体的体形、姿态、机能发育情况，身体素质对外界环境的适应情况以及对疾病的抵抗能力。二是引导学生学会科学锻炼身体的方法，养成锻炼的习惯。三是通过体育活动对学生进行爱国主义、集体主义、组织纪律、互助团结、勇敢坚强教育，为国家培养和输送体育人才。

关于美育

美育就是审美教育，这种美不仅是外在的美，更重要的是内在的美；不仅是具有音乐、美术、舞蹈、表演等一技之长的美，更是具有整体素质的美。美育主要包括三个方面的内容：一是感受美，主要指能识别什么是真善美，什么是假恶丑，从外表到本质能分清什么是正确的，什么是错误的。二是鉴赏美，主要指具有欣赏能力，有识别自然美和社会美的素养与能力。三是创造美，主要指能在美学理论指导下，在个人形象、内心世界以及工作劳动中创造美。

关于劳动技术教育

劳动技术教育是通过传授劳动知识与技能，引导学生参与劳动实践的一种有组织、有计划的活动。劳动技术教育要达到的目的有三，一是培养劳动观念，教育学生热爱劳动，尊重劳动人民，珍惜劳动成果，遵守劳动纪律，克服鄙视体力劳动和劳动者的不健康思想，知道社会的所有财富都是劳动创造的，不是凭空产生的。二是养成劳动习惯，不论工农业劳动还是公益性劳动以及家务劳动，都能自觉自愿地参加。三是掌握基本的劳动技能，为走向社会后就业打好基础。

道德品行需要在实践中升华

道德行为来源于道德观念，在一个正气浓厚的环境里，有利于形成正确的道德观念，进而产生出良好的道德行为。

人们共同生活及其行为的准则和规范就是道德。什么是有道德的人？对社会有责任感的人就是有道德的人，因为社会责任感是道德的基础。社会责任感的集中表现是什么？是奉献。其实，我们每个人每天都在向社会索取，无论是物质的还是精神的，都是来自社会，都是别人奉献的结果。应该说，所有的人都在向社会索取，所有的人也都在为社会奉献。大家都奉献了，社会富裕了，个人索取才有可能。不想奉献，只想索取，社会贫穷落后，何以索取？奉献并不高深莫测，也非高不可攀，每个人在自己的岗位上认认真真做好自己的工作就是奉献，就是尽到了自己的社会责任。

虽然道德是通过社会舆论对人们的生活及其行为起约束作用，但是这种约束是一种内在的精神力量，范围更普遍，作用更强大。营造一个祥和、友善的社会环境，唯一的途径是人人讲道德，人人有道德，道德是做人的基础，也是人际交往的基础。

　　道德行为来源于道德观念，在一个正气浓厚的环境里，有利于形成正确的道德观念，进而产生出良好的道德行为。但是，道德水平归根结底需要在实践中养成。这种实践有两个方面含义，一方面指熏陶、感染。在道德观念与道德行为上领导要为群众做出榜样，成人要为未成年人做出榜样，家长要为孩子做出榜样，老师要为学生做出榜样。榜样的力量是无穷的。影响人的人是实践，他在实践做一个有道德的人；被影响的人也是实践，他在实践怎样做才是一个有道德的人。另一方面是体验养成。道德观念是需要体验的，通过体验形成良好的行为习惯。体验田间劳作，认识粮食来之不易，懂得勤俭节约；参加军训，体验军人艰苦，更加热爱我们的钢铁长城；参观厂矿企业，体验工人的艰辛，懂得艰苦奋斗的含义；通过旅游，体验祖国大好河山，进一步增强民族自豪感和自信心；亲自做饭洗衣，体验母亲的辛苦，从而发自内心地尊重长辈；受到表扬，体验成功的喜悦，可以更加自信；受了批评，体验错误或者失败的经历，可以促进反思，纠正错误，减少失败……总之，道德观念与道德行为需要在实践中体验，在体验中理解，在理解中升华。

德育效果在于促进"内需"

只有通过实践，内需才是自觉、牢固、长久的。

所谓内需，就是自愿接受一种观念并能自愿付诸行动。人的行动来自需要，当他觉得需要时才会产生行动，行动过后，需要满足了，再接受新的观念，产生新的行动，再一次满足了需要。就这样循环往复，以至无穷，形成了一种习惯和品格。

人们认识一个事物，接受一种观念，是要经过"是什么—为什么—怎么办"这样一个过程的。中小学校的德育工作也是这样，要让学生接受一种观念并且自愿付诸行动，同样需经过这个过程。

"是什么"是客观存在的，也是公开的，比如德育目标、道德规范、学生守则、规章制度……对于这些教师和学生都是知道的，让他们知道"是什么"比较容易。

"为什么"具有一定的难度，难在教师必须能够讲清道理，学生能够懂得道理，并且能够亲身在实践中感悟其中的道理，形成固有的理念。讲不清道理的灌输是盲目的，缺乏实践的感悟是浮浅的，只有二者结合起来才能懂得"为什么"。

"怎么办"是核心，是重点，是把德育目标落到实处、收到实效的关键。"怎么办"也是难点，难在需要把观念、规范、要求转化为学生的内需，只有当学生接受了这些观念、规范和要求后，才能落实到行动上，也才能见到效果。

内需可以通过外界的宣传、影响产生，但是归根结底是通过实践形成的，比如和英雄、模范面对面，会直接感受到他们高尚的人格；参与经济快速发展的社会调查，会感受到国家的巨大变化；参与工厂劳动，会体会到每件产品都饱含着工人的辛勤劳作；帮助了他人，得到感谢，收获助人为乐的价值；遇到挫折，遭到失败，理解人生就是奋斗的含义……只有通过实践，内需才是自觉、牢固、长久的。

关注学生个性发展

重视学生社团活动，在教师指导、时间安排、场地划分、经费支持、项目展示、评比表彰等方面给予必要的支持，引导学生在实践中锻炼，这是学生养成良好个性的有效途径。

个性是人在一定的社会条件和教育影响下形成的比较稳定的个性心理特征。人的个性有三个明显标志，一是有社会价值，在现实生活中是起作用的，比如个性好，有利于团结互助，共同做好工作；个性不好，则相反。二是个性的表现是有明确的目的的，不是无目的的。比如有人表现出来的脾气暴躁，是对事情的不满意。三是个性比较稳定，不是飘忽不定，不可捉摸。人的个性心理主要有兴趣爱好、气质性格、情感意志和能力习惯等。

校长要关注学生个性的发展，因为个性是在先天素质的基础上，在特定的社会条件下，通过实践和接受教育形成的，这是学校的义务，也是学校教育的责任。个性不变论是没有道理的，学校的责任就是引导学生改掉不好的个性特征，养成良好的个性特征。个性与共性是相辅相成的，通过共性指导个性发展，通过个性发展丰富充实共性。共性是个性的导向，个性是共性的基础，个性丰富多彩，共性便光彩夺目。中华民族具有古老的传统、优秀的文化、不屈的精神，这些都渗透在我们每个人的个性里。传承中华民族优秀的文化基因是发展学生个性的重要内容，没有民族特色的个性是苍白无力的，甚至是危险的。

教师的个性对学生个性的发展有着举足轻重的作用，实践表明，具有良好个性品质的教师，是学生效法的榜样，他的个性品质具有感染熏陶的教育功能，不仅是学生形成良好个性的"催化剂"，而且能使教育教学活动收到最好的效果。教师个性关乎学生个性，每个教师都应该用良好的个性品格去影响学生。

学校要重视班集体建设，让社会主义核心价值观成为学生成长的正能量，以便学生能在浓浓的正能量环境中受到感染，接受熏陶，茁壮成长。同时要重视学生社团活动，在教师指导、时间安排、场地划分、经费支持、项目展示、评比表彰等方面给予必要的支持，引导学生在实践中锻炼，这是学生养成良好个性的有效途径。

迈好人生四大步

热爱学校既是应有的感恩思想，又是对知识的尊重，更是对文明的追求。

一所中学八年级的校本教材有四个章节，分别是热爱家乡、尊重知识、注重实践、健全体格。序言里，把这四个方面归纳为"迈好人生四大步"。其实对所有的学生来说，迈好这四大步都是极其重要的。

家乡是一个人出生的地方，每个人都有自己的家乡，那是我们终生难以忘怀的圣地。热爱家乡是一种朴素的人生情怀，也是人生应该具有的基本品德。社会是由一个一个具体的人组成的，国家是由一片一片具体的家乡组成的，世界是由一个一个具体的国家组成的。热爱家乡，绝不是狭隘的地域思想，而是放大了的国家观念和世界意识。热爱家乡，改变家乡，实际上就是热爱祖国，变革社会。无论是奋斗在家乡的大地上，还是奋斗在异乡的天空下，热爱家乡既是一种情怀，也是一种品德，更是一种动力——一种奋发向上的动力。

学校是塑造人的灵魂的地方，现代社会每个人都有自己的学校，那是我们一生不能忘怀的殿堂。母亲给了我们生命，学校赋予了我们灵魂，所以我们把自己毕业的学校尊称为母校。母亲是伟大的，从十月怀胎，到艰难分娩，一直到我们人生的每一次成功或者失败，母亲都无微不至地关心、理解、支持着我们。学校是神圣的，她像母亲一样，每时每刻都关注着学生的成长，教我们学习知识，学习做人，学习做事。热爱学校既是应有的感恩思想，又是对知识的尊重，更是对文明的追求。

实践是推进人类社会发展的重要活动，它既是检验真理的唯一标准，又是产生精神财富和物质财富的唯一源泉。实践包括验证已知，探索未知。已知的得到验证，及时应用于生活、生产与变革，从而推动社会向前发展；未知的通过探索，获得新知，加以推广和应用，同样推动社会向前发展。每个人的一生都是在实践中度过的，正是因为有了实践，人类才变得越来越聪明。人类社会实际上就是一个实践的大舞台，实践活动越丰富多彩，人们的生活便越来越文明昌盛。勤于思考，勇于实践，善于总结，既是一个人成长的基本条件，又是社会发展的重要基础。每个人都应该理解实践的意义，主动参与实践，只有这样才能成为一个有所作为的人。

身体是我们赖以生存的资本。一个健康的人，浑身充满阳光。一个不健康的人，眼睛里一片灰暗。身体健康包括心理正常与体格健壮两个部分，缺一不可。中小学生正处于长身体的重要时期，为了未来，从现在开始，主动参与体育锻炼。同时，要在锻炼中磨炼自己的意志品质，为生活、为工作打好基础。

精神文明的核心是政治信仰和道德品质

> 外表美与内在美的有机结合，是美的最高境界，只有心灵美，美才是真实的、有价值的，这样的美才能让整个社会五彩缤纷，绚丽夺目。

科学知识是重要的，但是如果缺乏政治信仰，道德品质不好，知识反而会成为祸害社会的工具。现实生活中，有人为了一己私利，实施高科技犯罪；有人为了填补精神空虚，在网上制造精神垃圾；有人为了追求享受，刁难百姓，收受钱财；有人为了一点稿费，胡编乱造黄色书刊毒害青少年一代……这些人不能说没有知识，但是知识掌握在没有政治信仰和道德品质的人手里，只会成为贻害人们的工具。

精神文明要从人的社会素质抓起。人的社会素质主要包括以下三个方面：一是科学知识，包括社会科学知识和自然科学知识，它是反映人"真"的品质。因为世界上所有的事物都是变化的，变化是有规律的，规律是可以认识的，认识规律是为了把握规律，推动社会发展。而科学知识正是对事物变化规律的客观反映，只有老老实实地掌握科学知识，实事求是地按照规律做人做事，才能走向成功。二是政治信仰和道德品质。政治信仰和道德品质是反映人"善"的品质。因为政治信仰和道德品质的本质和核心是对社会负责，只有关爱他人、热爱社会、忠于国家的人才深知人生价值，才能与人为善，与社会为善，全心全意为社会服务。三是思想意识修养。思想意识是反映人"美"的品质。因为只有注重思想意识的修养，才能识别美，赞赏美，宣扬美，创造美。外表美与内在美的有机结合，是美的最高境界，只有心灵美，美才是真实的、有价值的，这样的美才能让整个社会五彩缤纷，绚丽夺目。

垣曲中学的"自我实现教育"

> "自我实现"是人生价值的体现，每个人都有自
> 我实现的愿望，这是信仰，是追求，是实现人生价值
> 的动力源泉。

"自我实现"是人生价值的体现，每个人都有自我实现的愿望，这是信仰，是追求，是实现人生价值的动力源泉。马斯洛的"需要层次论"把人的需要分为五个层次，第一层次是生理需要，包括人的衣食住行、生老病死、婚丧嫁娶等。第二层次是安全需要，包括生命安全、生活安全、环境安全、工作安全等。第三层次是社交需要，包括人与人、人与事、人与物等交往。第四层次是自尊需要，包括被别人理解、接纳、支持、尊重等。第五层次是自我实现需要，包括个人人生价值的满足，个人理想的实现。人们的行动（积极性）首先是从需要开始的，需要产生动机，随后有了目标，于是便行动起来，经过努力，满足了需要。阶段性需要满足以后，又产生了新的需要，经过努力，新的需要又得到了满足。人生就是这样循环往复，不断努力，为信仰，为理想，为自己的人生价值奋斗一生。

垣曲中学在实施"自我实现教育"中，把以德孝为线索的传统文化、以重大纪念日为线索的红色文化、以课堂教学活动中展示学生成长为线索的自主文化贯穿始终，彰显文化的魅力，引导学生充分汲取文化的营养。同时，确立了四类教育主题，即理想信念教育、唤醒潜能教育、责任意识教育、自主发展教育。围绕四类教育，学校开设了校本课程，即责任意识课程、生涯规划课程、潜能发挥课程、红色精神课程、经典阅读课程、学法指导课程、自主实践课程、演讲技能课程。在开展"自我实现教育"中，学校十分重视引导学生领悟新鲜观念，吸收文化精髓，自主发展成长，通过课程、文化、活动、爱心、评价、协同育人等途径，结合学科学习、校园活动以及社会调研，让学生在实践中成长。

垣曲中学围绕"自我实现教育"共编写了九册校本教材，分别是《生涯规划教育》《高中生学习方法指导》《走进名家教育》《演讲技能教育》《经典阅读》《自主实践》《红色精神教育》《潜能激发》《责任意识教育》。教材内容既接地气，符合学生实际；又富有远见，引领学生看到未来。比如《生涯规划教育》的主要内容就有生涯的唤醒、自我认识、生涯环境探索、生涯决定规划与自我管理等，语言朴实，内容具体，深受学生欢迎。

为了保证"自我实现教育"的实效性，学校还构建了全员育人、全程育人、全方位育人的"三育人"格局。全员育人强调学校的每一个教职员工都要成为学生的导师，尤其是教师，更要在教育教学活动中成为学生如何做人的榜样。全程育人强调学校所有的活动，自始至终都要贯穿育人这一核心理念。全方位育人强调育人工作既是无痕的，也是无垠的，让学生在老师榜样的影响下，在学校所有的活动中，自我成长。正是有了"三育人"的格局，垣曲中学才显得生机勃勃，教育教学质量也在稳步提高。

校长应该具有"自我实现教育"的理念

"自我实现教育"是对贯彻执行党的教育方针的具体化，出发点和落脚点都放在培养人这个基点上。

"自我实现教育"是为学生打基础、做准备的教育。打什么基础？可以说很多，但是最重要的是以下几个方面。

第一，信仰。信仰就是对某个人物或某种思想、主张、主义、宗教等极其信服和崇敬，并作为自己行动的典范或指南。简单地说，信仰就是追求，追求自己信服和崇敬的人或事。信仰是一种强大的精神力量，它不仅可以激励自己努力拼搏，而且可以感染别人和自己一起努力拼搏。信仰是一种可贵的精神支柱，只要有信仰，不管从事什么工作，也许结果并不理想，但是只要参与了，努力了，付出了，就是在实践自己的信仰。

第二，道德。道德是人们行为的准则与规范，是一个人走向成功的"通行证"。现代社会五彩缤纷，充满变化。但是有两点是任何人都必须遵守的，一是法律，二是道德。遵守道德，一路通顺；违背道德，寸步难行。

第三，知识。现代社会是一个知识爆炸的社会，信息成了最重要的资源。谁重视学习，注意搜集并善于利用信息，谁便会成为强者；谁懒于学习，不求上进，满足于原先获取的那一点知识，躺在学历、学位的身上不再继续学习，谁将一事无成。

第四，能力。能力是完成某项工作的条件，包括创造性的思维能力、获取和利用信息的能力、与人合作的能力、表达能力、交往能力、经受挫折的能力……忽视能力的教育是不完整的教育，不完整的教育培养不出全面发展的学生，这样的教育对个人对社会都是不利的。

第五，心理。心理是人的内心活动，包括思想、感情、情绪……良好的心理是走向成功的必备品格，无论对于青少年学生还是对于成年人，心理素质决定他们的得失成败。优秀的教师之所以优秀，不仅仅因为他们有雄厚的知识储备，更重要的是他们十分重视学生的心理疏导，让他们心情舒畅地参与教学活动。

第六，体魄。体魄就是人的体质与精力。强壮的体格是做事的物质基础，充沛的精力是做事的精神支柱。基础要扎实，支柱要坚强，唯一的办法就是锻炼。

第七，审美意识。在各种观念、各种方法，甚至各种各样让人眼花缭乱的衣着打扮面前，强调审美意识就是要有识别能力，旗帜鲜明地颂扬真善美，态度明确地鞭挞假恶丑，勇敢地成为真善美的卫士。

第八，奋斗精神。人生路上并非平坦无阻、一帆风顺，坎坎坷坷、艰难险阻时有发生。挫折失败常常无情地考验着每一个人。所以，确立奋斗精神，对于任何人都是必须具有的品格。

"自我实现教育"是对贯彻执行党的教育方针的具体化，出发点和落脚点都放在培养人这个基点上。抓住了这个基点，就抓住了根本，这是校长应有的理念。

教师应该成为"自我实现教育"的推手

> 对于学生要多看优点，用放大镜去放大学生的优点，用显微镜去发现学生的优点。

教师应该是引导学生学会做人做事的导师，成为学生"自我实现教育"的推手。如何成为推手？诀窍是充分尊重学生的主体地位，充分调动学生主动参与的积极性。

学生的主体地位大量表现在课堂上，老师工作的重点是千方百计激发学生的求知欲望，调动学生的学习兴趣。合作学习是展示学生主体地位的绝好时机，也是为学生走上工作岗位后善于与人合作共事打基础的亲身实践。教师要引导学生乐于和教师合作，善于和同学合作，共同完成学习任务。长期存在的"满堂灌""注入式""一言堂""独角戏"必须停止，因为它违背了"以学生为中心"的教育原则，没有把学生当作活生生的人，而仅仅当作灌输书本知识的"容器"。要鼓励学生大胆质疑，敢于争辩，十分慎重地保护学生的创造性思维，让课堂成为学生学会学习的地方，而不是仅仅死记住一些知识的场所。

尊重学生的主体地位必须坚持以学生为本，建立和谐的师生关系。以学生为本就是要理解学生，理解是建立和谐师生关系的基础。因为只有理解学生，知道他们的所思所想，了解他们的兴趣爱好，才能理智地对待他们，热情地引导他们。以学生为本就是要相信学生，相信他们都有向上的愿望，相信他们经过努力都会在原有的基础上得到提高。相信是教师工作的动力，也是学生学习的动力。它既是一种教育观念，也是一种教育艺术。以学生为本就是要尊重学生。中小学生喜欢某一门课程，首先是从喜欢某一个老师开始的。你要让学生喜欢你的课，首先让学生喜欢你开始。你要得到学生的尊重，首先从尊重学生做起。一个被学生尊重的老师，自然会取得教育教学的好效果。以学生为本就是要研究学生，对学生研究得越透彻，便越喜欢学生，方法便越有针对性。有了和谐的师生关系，就有了学生的主动精神，师生关系就是教育教学质量。

失败是成功之母，成功也是成功之母。对于中小学生来说，他们更需要表扬、赞赏和激励。实际上，每个学生都有优点，问题在于要善于发现他们的优点。发现优点，及时表扬，这就是激励。对于学生要多看优点，用放大镜去放大学生的优点，用显微镜去发现学生的优点。中小学生是乐于展示自己的，教师要创造条件，提供平台，给他们展示自我的机会。展示就是实践，实践就是养成，养成就是教育。展示越多，自信心越强；自信心越强，成功的可能性就越大。对于学生的失败或者错误，特别是成长过程中的一些枝节小事，既要及时指出，又要宽容大度，不要纠缠不休，要知道，有时候人是在犯错中成长的。要善于发现和挖掘学生的潜能，比如兴趣、爱好、情感、意志、毅力等，让他们的个性得到张扬，能力得到展示。要舍得表扬学生，除了口头表扬外，文字表扬更有效，更能激励学生。通过作业批语、手机短信，用热切的语言激励学生不断向上，文字的赞赏会让学生热血沸腾，永记终生。

学生应该成为"自我实现教育"的主角

> 学生是站在教师肩膀上成长的，教师有多高，学生就有多高。教师能走多远，学生就能走多远。

教师工作是学生成长的外因，学生态度是成长的内因。外因是变化的条件，内因是变化的依据，只有充分调动内因的积极性，学生的成长才能成为现实。思想单纯、争强好胜、富于幻想、勇于表现，是中小学生共同的特点，教师要敏锐地发现这些特点，充分利用这些特点，让学生成为主角。要通过教育教学活动引导学生主动参与，在参与中体验，在体验中提高，在一次次的提高中增强自信，有了自信就有了希望。除了老师的引导外，学生要知道自己是内因，能不能健康成长关键在自己。也许有些老师不重视或者不善于调动学生的积极性，但是学生不能因为老师的不周全而踌躇不前，放弃自己的主角地位，那是对自己的极度不负责任，多年以后必然会因为今天的轻率而后悔不已。

教师能否起到主导作用取决于教师的民主作风。学生能否处于主角地位也取决于教师的民主作风。有的教师背着"师道尊严"的包袱，放不下"师爷"的架子，以师压人，以师吓人，是不可能调动起学生的积极性的。"师道尊严",关键在"道",在教师良好的职业道德,深厚的学养,循循善诱的教育教学方法。如果教师职业道德存在瑕疵,基础知识缺斤短两,教育教学方法简单粗暴,是不可能赢得学生的尊重和爱戴的。师生之间应该是一种民主平等的关系,民主意味着师生都有发表意见的权利,意味着师生之间都应该互相尊重,学生尊重老师是天经地义的,老师尊重学生也是不可或缺的,只有互相尊重才能产生感情。"亲其师,信其道",当学生感觉到老师可亲、可爱、可信时,他们就会自觉地参与到老师所有的教育教学活动中。

教学活动是由教师的"教"和学生的"学"组成的,二者相辅相成,互相促进,共同提高。在这个过程中,教师的教更重要的是引导,是启发,是合作学习或者问题导学的组织者和引领者,教师不是只有教材没有学生的"教书匠"。学生要主动参与教学活动,在教师的引导下放飞想象,大胆发言,在参与中提高自己,特别是锻炼自己的创新思维能力。富于幻想是一种可贵的心理品质,胡思乱想地想,海阔天空地想,异想天开地想。想象是创新的门户,许多创造发明首先是从想象和假设开始的,想错了并不可怕,可怕的是根本没有或者不敢想象。

教育是心与心的融通,情与情的交流,两颗心相互碰撞产生的火花才是真正的教育效果。为此,教师要走进学生的内心世界,仔细倾听学生的心声。要善于换位思考,站在学生的立场上思考学生希望有一个什么样的教师。站在自己的立场上想一想如何才能和学生打成一片,融为一体。教师是学生的镜子,学生是教师的影子。学生是站在教师肩膀上成长的，教师有多高，学生就有多高。教师能走多远，学生就能走多远。教师想让学生成为什么样的人，教师首先应该成为什么样的人。让学生成为"自我实现教育"的主角是一种理念，教师应该具有这一理念。

文化应该成为学校教育的灵魂

　　整洁的校园让人神清气爽，良好的人际关系让人心情愉悦，书籍意味着知识，钟表意味着时间，书画意味着艺术，卫生意味着勤劳，服饰意味着心情，摆设意味着情趣，花草意味着爱心……这样的环境催人向上，这就是文化。

　　什么是文化？辞书上说："文化是人类社会在历史发展过程中所创造的物质财富和精神财富的总和。虽然特指精神财富，但也包含文化气息浓厚的物质财富。精神财富如文学、艺术、教育、科学等。"文化气息浓厚的物质财富如饮食文化、建筑文化、园林文化、服饰文化，以及石文化、球文化、酒文化等。这些年来又出现了企业文化、学校文化、田园文化、营区文化、社区文化、家庭文化等。徐洪兴先生在《什么是文化》一文中将文化归纳为三个方面：1. 意识形态（也可称作观念形态），即世界观、思维方式、宗教信仰、心理特征、价值观念、道德标准、认识能力等。2. 生活方式，即人们对衣食住行、婚丧嫁娶、生老病死、家庭生活、社会活动的态度，以及采取的形式。3. 精神的物化产品，即形式是物质的，但是透过物质形式能反映人们观念上的差异和变化。近年来，网络热传作家梁晓声先生对文化的诠释：文化是植根于内心的修养，是无需提醒的自觉，是以约束为前提的自由，是为别人着想的善良。前不久，一则标题为《匠人文化》的微信引起人们的普遍关注。微信的发布者说："匠人文化就是把事情做实、做好、做精、做准。不论从事什么工作，从政、从文、从医、从科研、当工人、做农民，都要具有匠心。"原来文化就是做事的态度。作者没有说做人，其实那是不需要说的，因为要想做好事，首先必须做好人。如果人都做不好，怎么能把事做好？人来到这个世界上，所有的活动归纳起来一是做人，二是做事。做事靠文化，做人也得靠文化。文化是做人做事的灵魂。

　　如何让文化成为学校教育的灵魂？关键在校长。校长应该具有教育理想。教育理想就是把自己从事的工作当作事业去做，当作实现自己的人生价值去做。有了教育理想，就有了责任心，就会一心扑在工作上尽心尽力。有了教育理想，就会在实践中形成教育理念，理念决定行动，校长就会成为学校的旗帜，带领教职员工大胆探索，不断实践，坚持改革，实现自己的教育理想。让文化成为学校教育的灵魂，必须重视和做好师生的政治思想和道德品行工作。世界上任何一个国家的学校教育都是为了培养忠于本国、投身本国政治、经济、文化建设的一代新人。我们的教育必须把培养社会主义的建设者和接班人作为首要任务，培养一代又一代拥护中国共产党领导和社会主义制度的、立志为中国特色社会主义建设努力奋斗的一代新人。这是教育的首要任务，也是教育现代化的方向。让文化成为学校教育的灵魂，必须抓好教师的教风和学生的学风建设。教师的教风包括教学态度、教学目的、教学方法、教学特点等，教风是教师整体素质在教学活动中的表现，对学生的人格成长有着重要的影响。学生的学风包括学习态度、学习目的、学习方法等。学风不仅关乎学习成绩，更重要的是关乎学生的全面成长，必须下大力气抓紧抓好抓出成效来。让文化成为学校教育的灵魂，必须关注教职员工的工作态度和生活情趣。工作态度决定工作质量。教师劳动的方式是个体进行的，但是劳动成果是集体的，是所有员工、各个年级、各个学科共同劳动的结果。教师劳动的另一个特点是脑力劳动，脑力劳动是无法监督的，认真不认真全凭自觉。为此，要通过严格的规章制度和有效的激励措施，引导教职员工端正工作态度，善于合作，自觉自愿地享受工作的乐趣。当教职员工感到工作是一种乐趣、一种享受的时候，理想的工作效果将会水到渠成。在教职员工享受工作的同时，学校要创造条件，让师生员工享受生活。高雅的生活是一种植根于内心的修养，是对物化了的文明的不懈追求。整洁的校园让人神清气爽，良好的人际关系让人心情愉悦，书籍意味着知识，钟表意味着时间，书画意味着艺术，卫生意味着勤劳，服饰意味着心情，摆设意味着情趣，花草意味着爱心……这样的环境催人向上，这就是文化。

"三结合"如何才能形成合力

时代是开放的，只有把学生放在火热的变革中，才能培养出时代需要的一代新人。

大家都承认只有学校、家庭、社会紧密结合，学校教育才能健康发展，取得良好效果。如何使三者形成合力呢？各自尽到各自的责任，其中，学校的桥梁作用尤为重要。

每个家长都期盼自己的孩子健康成长，有着强烈的与学校配合的主观愿望，这是学校与家长紧密配合的共同基础。校长和老师要善待家长，让家长从老师对学生的关爱中感到温馨，获取力量，增强信心。不要把家长会开成通报会、批评会，也不要把家访变成告状，这样会挫伤家长的积极性，伤害学生的自尊心。学生有了错误，老师要先帮助他认识错误、改正错误，不要随意通知家长到校，更不要埋怨、指责家长，这样做除了显得教师无能以外，还会激化矛盾，对家长、对学生都是无益的。家访和家长会不要光说考试分数和完成作业的情况，这样会误导家长，好像考试分数好就是一切都好。老师和家长应该是朋友，互相理解，互相尊重，共同探讨符合学生实际的教育方法。校长要关注学校与家庭的合作，让"爱满天下"成为学校教育的主旋律。同时要让老师和家长知道，仅有爱是不够的，如何爱才是爱的本质。

家庭是学校，家长是老师，父母是孩子健康成长的第一责任人，这一点必须成为所有家长的共识。家庭教育中，家长既不能越位，也不能缺位。所谓越位，就是抱着孩子走，包办代替，溺爱有加。结果是孩子事事依赖父母，甚至缺乏基本的生活自理能力。所谓缺位，就是对孩子的成长不闻不问，误以为孩子上了学就万事大吉，孩子成长是学校的事，应有老师负责。缺位的结果与越位一样，贻误的是孩子成长。爱孩子但不能溺爱，爱得出了格、过了火就是溺爱。该严厉就严厉，该宽容就宽容，引导孩子自主成长、全面发展，才是真爱。与溺爱相对的是简单粗暴的爱，不知道孩子总归是孩子，容不得孩子在成长过程中出错，一见有错便火冒三丈，指责、惩罚，家长倒是解了气，孩子却受到了伤害。"恨铁不成钢"虽然也是一种爱，但是它违背了爱的原则，孩子一旦受到伤害，要想得到修补需要付出成倍的代价。家长要尊重并信任老师，支持老师工作。在家庭教育上，家长既不能纵容孩子，放手不管；又不能简单粗暴，伤害孩子，主动与学校配合才是合格的家长。

全社会都要关心学生的健康成长，这是党和国家意志社会化的表现。教师要投身时代的变革，正确对待变革中的支流，自觉成为推动社会发展的主流。我们祖国正处在一个伟大的变革时期，改革开放使古老的大地处处焕发着青春，未来一定更加美好，这是历史的必然。所有教师都应该积极组织学生在社会大变革、民族大复兴这个大课堂里经受洗礼，得到锻炼。各种教育基地是生动的教材，学校要充分利用这些资源为学生的发展服务。各行各业的英雄模范以及为国家建设积极奉献的人们，都是教学生如何做人的好老师，学校要充分发挥这些老师的作用，让学生感受到榜样的力量。总之，时代是开放的，只有把学生放在火热的变革中，才能培养出时代需要的一代新人。

向科研要质量

在学校，与老师联系最多的是学生，这种联系每天都存在，老师的一言一行会影响到学生，学生的一举一动也会影响到老师，那么，师生关系就决定着教育教学质量，这就是规律。

凭经验和主观愿望办学的现象比较普遍，教育科学研究一直是我们学校教育工作中的一个薄弱环节，这是许多学校工作平平、各项改革不能深入进行的一个主要原因。可喜的是近年来大家都认识了教育科学研究的重要性，并开始了卓有成效的研究工作。对于我们中小学校来说，既不要把教育科学研究神秘化，也不要把教育科学研究简单化。不要神秘化，是说我们每天都在实践，都在积累研究的相关资料，都具有研究的基础，只要肯思考，勤总结，就会有所发现，有所提高。不要简单化，是说教育工作是塑造人的灵魂的工作，育人的工作是世界上最复杂、最神圣的工作，不下一番功夫，缺乏不懈追求，是认识不了事物的本质，找不到客观规律的。

校长应该带领教师向科研要质量。

任何工作都有自身的规律，任何科学研究的目的都是为了找到规律，按照规律做事。谁遵循规律，谁就会成功；谁违背规律，谁便会遭到失败。什么是规律？规律就是事物之间的内在联系，这种联系反复出现，相互作用，决定事物的发展方向。通俗地说，科学研究就是找到适当的"度"。比如洗澡，水温过高，不能洗；水温太低，不舒服。找来找去，45摄氏度到50摄氏度之间的水温最适宜。再比如，人不能没有压力，但是压力多大为好？过大，压垮了；过小，不起作用。都说学习是必须吃苦的，但是苦到什么程度为好？太苦，不吃了；不苦，不起作用。我们经常运用的表扬、激励、批评、惩戒等教育手段，也需要把握一个度，恰到好处才起作用。

在学校，与老师联系最多的是学生，这种联系每天都存在，老师的一言一行会影响到学生，学生的一举一动也会影响到老师，那么，师生关系就决定着教育教学质量，这就是规律。受到学生尊重与喜欢的老师，他的话学生就愿意听，他让做的事学生就愿意做。愿意听老师的话，愿意做老师布置的事，就会有行动，有结果。一个不注重修养，不追求上进，不关心学生成长，总是板着面孔与学生交往的老师，学生是不欢迎的，这样的老师要想取得理想的教育教学效果是非常困难的。其实，做一个受学生欢迎的老师并不难，学生的要求并不高。一项调查显示，学生欢迎交流型的老师。什么是交流型的老师？一是理解学生，二是待人公平，三是幽默慈祥，四是乐于交流。学生的要求并不高，也不多，所有的老师都应该做到，也可以做到。

再说向科研要质量

不研究学生，只研究自己的方式方法，就像射箭不看靶心一样，射不到靶心，不受学生欢迎。

作为一线教师，通过多种渠道广泛获取信息，在现代教育理论指导下反思自己的工作，在认真反思的基础上大胆实践，把自己的实践加以总结，沿着"学习—思考—实践—总结"的路走下去，便是专业成长。在教育科学研究中特别要重视以下四个问题：

第一，科研的基础是实践。教育科学研究不能凭空想象，也不能本本主义，必须从实践开始。在实践中可能有三种情况：成功了，表现是什么，原因在哪里，有什么启示，从中悟出什么规律；失败了，表现是什么，原因在哪里，有什么启示，从中悟出什么教训；遇到了未曾遇到的新问题，一时解决不了，通过学习、思考、研究，找到了原因，就有了解决办法。对于我们中小学一线教师来说，把实践加以总结，从中找出经验教训，进一步升华为理性认识，这就是教育科学研究。

第二，科研的重点是学生。教育教学的内容、方法、手段要研究，但是为什么要研究这些？是为了学生发展。所以，科研的重点是学生。不研究学生，只研究自己的方式方法，就像射箭不看靶心一样，射不到靶心，不受学生欢迎。研究学生什么呢？研究学生的生理特点、心理特点、认识特点、个性特点、行为特点等。研究清楚了，找到特点了，方法也就有了。比如学习是需要吃苦的，能不能让学生愿意吃苦呢？答案是肯定的，那就是兴趣。学生有兴趣，再苦再累他也乐于参加；没有兴趣，不苦不累他也不愿意参加。所以兴趣就成了老师，让学生有兴趣就成了促使学生刻苦学习的动力。

第三，科研的成果是变革。科研像钻井，一眼井是否成功，标准是有没有高质量的足够的水，如果没有见到水，或者水的质量和数量达不到要求，不能说钻井成功。教育科学研究成果如果没有促进学校工作的变化，仅仅是只有一个结题报告，或者几篇文章、几个案例、几个实验报告，虽然这些也是成果，但是严格来说并不能算作科研成功。科研成功的标志是促进了工作的变革，受到了学生的欢迎。

第四，科研的大忌是浮浅。科研是认识本质、寻找规律的工作，来不得半点虚假。急功近利是不可能取得科研成果的。有人不把精力用在研究上，而是东拼西凑拿别人的成果改头换面成自己的，更不是科学的态度。科学的态度是扎扎实实从实际出发，老老实实研究自己的问题。

倡导教师自我评价

教师是学生的镜子，学生是教师的影子。教师有多高，学生就有多高。

教师的劳动具有个体性的特点，这一点集中反映在教师劳动的方式方法——读书学习、备课讲课、批改作业、学生谈话、个别辅导、家庭访问、考试阅卷等工作环节上。虽然教师也要参加教学研究、学术会议、观摩教学、听课评课等集体活动，但集体活动是建立在个人劳动的基础之上的，如果没有教师个人积极的、卓有成效的劳动，集体活动将会空有其名。同时教师又必须参与集体活动，通过集体活动汲取营养，丰富自己。个体劳动为集体活动奠定基础，集体活动又为个体劳动打开思路。

教师个体劳动的特点决定了评价的难度。一方面虽然可以通过学生的学习状况对教师作出评价，但并不是学生学习状况好与不好的原因都在教师身上。因为除了教师因素外，还有许多其他因素影响学生的成长，比如学校管理、学习环境、教学设施、学生基础、师生合作、家庭教育等的影响。另一方面，由于教师的劳动多数是在没有别人参与的情况下进行的，他的工作状况别人是无法直接掌握的，最能作出准确评价的还是教师本人。因此，校长要引导教师在以下几个方面进行自我评价，这是促进教师专业成长的必由之路。

第一，人格影响。教师首先是对学生产生人格影响的"人师"。教师的政治信仰、思想意识、道德品行、为人处世、言行举止，甚至说话、写字、表情等这些行为习惯都可能成为学生模仿的榜样。教师尊重学生，学生也会尊重教师；教师能和家长和谐相处，学生也会与同学和谐相处；教师惜时如金，总是按时上下课，学生也会爱惜时间，按时去做自己的事情；教师治学严谨，学生也会在学习上一丝不苟；教师对党和国家满怀深情，学生会在教师影响下从小立志报国……还是那句话：教师是学生的镜子，学生是教师的影子。教师有多高，学生就有多高。

第二，读书学习。教师是传播知识的火种，这个火种是否旺盛，能否感动学生，在于教师要不断学习，向书本学习，向他人学习，在实践中学习。现在学习的渠道很多，读书、上网、专题研讨、参观学习、外出进修、集体教研、听课评课等，每个老师都应该反思是否充分利用这些渠道充实自己。前段时间，一则微信让我汗颜。微信的发布者说："当下教育最大的问题是教师不读书，最应该读书的教师群体却成了远离阅读的一个群体"，并发出"这太危险了"的惊叹。微信的发布者十分精准地指出："读书是最好的备课，最生动的教材，最崇高的职业素养，最美丽的人生习惯，最发自内心的精神需要，更是教育中最亮丽的一道风景。""书龄是一个人最好的气质，书香气是一个校园最好的氛围。""一个人会读书可以改变一个人的命运，一群教师会读书可以改变一所学校的命运。千千万万个会读书的教师会改变无数孩子的命运，进而改变国家、民族的命运。"这些话值得我们每个人深思。

第三，备课。是否认真备课关乎讲课的成败。一位从教近四十年的老教授说："我把每一次讲课都当作重大演讲认真准备。"老教授尚且如此，我们中青年教师更应该在备课上下功夫。备什么？一是备学生，明确对象。教学活动是把教师掌握的知识转化为学生能理解的知识。要完成这个转化，教师需要事先想到各种类型的学生，哪些学生理解快，如何让他们"吃"得好；哪些学生理解慢，如何让他们"吃"得了，这就是因材施教。二是备教材，明确重点。明确重点就为问题的设计打下了基础，问题的提出才有针对性。明确了重点，就为精讲精练和探究学习创造了条件，从根本上克服了"满堂灌"和照本宣科。三是备教法，明确方法。根据不同内容，采取不同方法，不拘泥于一种方法。有的以讲解为主，有的以讨论为主，不仅解决了单一化、模式化的偏向，而且会给学生新鲜感，有利于激发学生的学习兴趣。四是备育人，明确目的。教学永远具有教育性。教育性的核心是什么？是育人，是培养什么人、如何培养这样的人。教师应把课堂教学活动当作个人整体素质的展示，教师的工作态度、敬业精神、道德行为、个人修养都会在教学活动中展示在学生面前，成为学生的榜样。教学活动实际上是通过教师本人的表率作用，在对学生进行基础知识教学的同时，对学生进行人格教育。

第四，讲课。讲课是对教师个体劳动成果的检验，这种检验是通过学生的理解、接受与运用知识去完成的。课堂教学不是教师的"单向输出"，而是教师与学生的"双向传导"，这就需要教师通过以下一些环节，评估自己是否做到了"双向传导"。1. 能不能每节课有三分之一到二分之一的时间留给学生思考、提问和相互讨论；2. 能不能通过观察判断学生对教师引导或者小组合作学习是热心参与还是消极应付；3. 能不能对学习有困难的学生耐心辅导；4. 能不能鼓励学生大胆提问或者质疑；5. 能不能通过知识讲解教给学生正确的思维方法，引导学生学会学习；6. 能不能做到多数学生当堂可以理解和掌握教学内容。

第五，作业批改。批改作业是教师的调查研究，它的目的除了督促、检验学生的学习外，还有另一层含义就是发现教师在教学中的问题，如果有问题应该迅速解决。这就要求教师做到：1. 学生作业个别出现错误，原因在学生，应该及时个别纠正；2. 学生作业普遍出现错误，原因在教师，应该及时补救；3. 对于创造性完成作业的学生，要大力鼓励；4. 对于不能按时完成作业或者作业经常出错的学生，不要轻易批评，更不要采取写检查、重复多遍写某一个字或者某一道题等惩罚措施，而应该冷静分析原因，个别予以指导；5. 批改作业要认真，批语要有针对性，要以鼓励为主，字迹要工整；6. 根据需要，教师与学生可以在作业本上进行文字交流，老师的寄语要富有人情味，绝对禁止出现伤害学生自尊心和自信心的文字。

第六，个别辅导。个别辅导反映了教师的责任心，应从以下一些方面反思和自我评价：1. 学生找上门来能个别辅导，不找上门来能不能主动到学生中发现问题；2. 对基础好、接受快的学生与学习有困难的学生能不能一视同仁，都给予热情辅导；3. 对于多次请求辅导的学生能不能耐心地、不厌其烦地加以辅导；4. 通过个别辅导能不能找出规律性的东西，改进教学；5. 除了辅导基础知识外，能不能同时在思想品德、学习方法等方面予以引导。

第七，命题考试与阅卷。命题考试不仅检验教师的教与学生的学，同时对学生的学习目的、学习态度、学习方法以及理解与运用知识的能力也有一定的导向作用。为此，教师应在以下一些方面不断进行自我评价：1. 命题的难度是否适当，考试分数普遍偏高，说明命题简单，容易助长学生盲目乐观的情绪；考试分数普遍偏低，说明命题难度过大，容易挫伤学生的积极性。2. 命题目的是否明确。考试的目的在于检查教学目的是否完成，所以，教学目的是命题的依据，命题时不可随意，不可武断，必须依据教学目的。3. 命题内容是否有利于培养学生的能力，开发学生的智力。如果命题呆板，学生照抄课本即是答案，这样的命题必然助长学生的死记硬背，无助于能力的培养与智力的开发。4. 对学生创造性的解答能否予以充分肯定，大力鼓励，万万不可抹杀了学生的创新意识。5. 能否正确对待分数。分数对教师、对学生都是重要的，它在某些方面反映了教与学的效果。但是不要以一次考试分数的多少论英雄，作判断，重要的是要看到不同基础的学生都在提高。教师要把主要精力放在改进教学上，学生要把主要精力放在刻苦学习上，师生都要把每一次考试作为开始，而不是结束。

课堂教学五问

　　课堂是学生成长的地方，也是教师成长的地方。

　　课堂是学生成长的地方，也是教师成长的地方。校长应该组织和引导老师思考以下问题，改革传统教学模式，在实践中促进教师队伍专业成长。

　　第一，如何激发学生的学习兴趣和欲望。中小学生很大程度上是凭兴趣学习的，他对某个老师有好感，他可能就对这个老师的课有兴趣。老师深厚的学科知识，幽默的讲课风格，民主平等的教学作风，理解、尊重、相信学生的和蔼态度，都会让学生产生崇拜、敬畏之情，由崇敬老师而喜欢老师的课。

　　第二，如何把知识讲活，体现教学活动的生活化，使课堂教学更贴近实际，贴近学生。不要把课堂教学搞得那么紧张，让老师与学生都处于惴惴不安的气氛之中，这样既不利于教，也不利于学。教学应该生活化，也可以生活化，关键在于老师对教材的理解和处理能力，以及通俗易懂、深入浅出的引导能力，这需要在备课上下功夫。

第三，如何通过教师的讲授，为学生树立一个自主学习、探究学习的榜样，使课堂教学的过程变成一个学生知道如何学习并学会学习的过程。人类认识事物、解决矛盾是按照"是什么—为什么—怎么办"的思维逻辑进行的，这也是如何学习的思维过程。教学活动就是引导学生知道"是什么—为什么—怎么办"。教学活动重要的不是记住知识，而是学会学习。

第四，如何在课堂教学活动中体现教师人格的魅力，让学生在享受知识的过程中同时感受老师高尚人格的熏陶。教学永远具有教育性，教师绝不只是一个"教书匠"。教学活动其实是教师整体素质的展示：提前进入课堂，说明老师惜时如金；认真说"同学们好"，说明老师对学生尊重；注重仪表，服饰整洁，说明老师知道细节决定成败；舍得表扬学生，说明老师知道自信决定一切；讲究批评方法，说明老师理解自尊心的重要性……这些都是教师的整体素质，都是在引导学生学会做人。

第五，如何通过课堂教学活动中的合作学习（包括老师与学生、学生与学生、学生与网络、学生与实验等），让学生理解合作的重要性，逐步学会与人合作，为他们走上工作岗位与人合作奠定基础。合作学习的关键在于民主、平等和互相尊重。老师平等对待每一个学生，能以民主的教风与学生探讨问题，充分尊重学生的所思所想，其结果必然得到学生的同样回报。有了这些，合作就有了基础。

除了引导教师通过课堂教学活动促进专业成长外，学校还应该通过教育科学研究、校本教材开发、学生实践活动组织、学生社团活动指导、学生心理健康教育咨询、学校文化、班级文化、学生公寓和餐厅文化建设等，促进教师在实践中成长，这些都是教师专业成长的重要环节，万万不可忽视。

浅说教师的主导作用

师生合作就是对这种传统教学思想的挑战，它要求在教师的主导下，充分尊重学生的主体地位，极大地调动学生的主动精神，从而使教学过程成为师生共同成长的过程。

教学工作是一个教师与学生、学生与学生互相交流的多向活动过程。在这个过程中，教师的工作态度、情感意志、方式方法会影响到学生，学生的学习态度、道德行为、学习状况也会影响到教师，双方的影响效果是成正比例的，良好的教学效果是师生密切合作的结果。大家都说教学活动要"以学生为主体，以教师为主导"，究竟教师的主导作用表现在哪些方面，如何发挥教师的主导作用，这是校长应该花大力气探索的两个问题。

随着教育的快速发展，教师选择学生已经成为历史，目前的状况是学生和家长选择教师。那么如何成为他们欢迎的教师？1. 知识渊博，教学能力强；2. 热爱、尊重学生，对学生富有同情心；3. 活泼开朗，有特长，有风度；4. 讲课用普通话，方法新而活，多而变；5. 对学生实事求是，褒贬适度；6. 平易近人，对学生有宽容精神；7. 忠于事业，锐意进取，不断创新；8. 以身作则，身教重于言教。从这八条可以看出，学生和家长对老师的要求是全面的，希望老师在各个方面都能为学生做出榜样。这种选择是历史的进步，是时代的需要，它刻画了一个理想教师的形象，也反映了学生对教师主导作用的渴望。

教学活动是教师与学生之间的交流，这种以传授知识为主要表现形式的交流，是以情感交流为基础的，没有师生之间和谐、融洽的情感为基础，传授知识和技能的渠道就会受到影响，达不到预期目的。我国的一项实验表明，以热情、愉悦的情绪教学，与一般的情绪教学相比，教学效果是不一样的。以冷漠、低沉的情绪教学，与一般情绪相比，教学效果又要下降一大截。可见情感是师生合作的基础，是取得良好教学效果的重要条件，而建立良好师生关系的主导在教师。

教学过程与学习过程是两个既有联系又有区别的概念。教学过程主要在启发、引导，学习过程主要在接受、记忆。但是，无论教学过程还是学习过程，都离不开教师的主导作用，离不开师生之间的密切合作。传统的教学思想把学生禁锢在"教师讲、学生听，教师问、学生答，教师出题、学生答题，教师布置作业、学生完成作业"这样一个小天地里，谈不上个性发展和思维创新。师生合作就是对这种传统教学思想的挑战，它要求在教师的主导下，充分尊重学生的主体地位，极大地调动学生的主动精神，从而使教学过程成为师生共同成长的过程。这是学生的渴求，也是社会的需要。

教学永远具有教育性，教学过程也是教师对学生产生人格影响的过程。教师是学生学习的引领人，教师的人格与威信是一种巨大的精神力量。这种精神力量具有超凡的魅力，既能让学生乐意与教师合作，又能让学生通过教学活动受到人格感染。有威信受尊重的教师往往能减少学生身上的消极因素，对学生产生正面影响。

再说教师的主导作用

　　这种尊重包括对学生正当兴趣、爱好甚至行为习惯的认同，对学生遭遇挫折或者烦恼时的理解，对学生获得成功时喜悦的分享，对学生大胆提问和质疑甚至奇思妙想的支持，特别是允许学生失败，以及失败后汲取经验教训的成长。

　　由于各种原因，师生之间是存在着一定距离的，缩小或者根除这些距离的唯一办法是互相理解，加强沟通。而理解和沟通的主导方面在教师，在教师对自己职业行为的深刻理解，在教师对学生心理特点的深刻研究。

　　教师在与学生的合作中，要十分重视调动学生非智力因素的积极性，因为每个人智力因素的积极性都是由他自己的非智力因素去调动的。比如一个人的兴趣和爱好一旦被激活，他就会不觉苦累、不惧困难地去追求，直至得到满意的结果。所以老师要用真挚的情感、渊博的知识、娴熟的技能、动人的口才、巧妙的幽默等方式，唤起学生对知识的兴趣，让兴趣慢慢变成志趣、理想，成为他们追求向上的动力源泉。比如情绪对知识的掌握和能力的形成会产生极大的影响，和颜悦色使人感到安全、亲切，有利于形成和谐的心理氛围；简单粗暴使人感到危险、不安，常常让人惴惴不安。情绪是一种无形的力量，教师良好的情绪会感染学生，这种感染会内化为学生的需要，成为学生学习的动力。教学过程中，教师的情绪是一种看不见的课程，是学生主动性和积极性的精神支柱，万万不可忽视。

师生互相尊重是充分发挥教师主导作用的关键，然而当前的重点与难点是教师也要尊重学生。一般来说，学生尊重老师容易做到，但是老师也应尊重学生却并没有形成共识，甚至不尊重学生的现象比比皆是。这种情况应该引起所有老师的关注，因为人与人之间的尊重是双向的，只有教师尊重学生，才能得到学生发自内心的尊重。为了学生，也为了自己，请尊重学生。这种尊重包括对学生正当兴趣、爱好甚至行为习惯的认同，对学生遭遇挫折或者烦恼时的理解，对学生获得成功时喜悦的分享，对学生大胆提问和质疑甚至奇思妙想的支持，特别是允许学生失败，以及失败后汲取经验教训的成长。师生交往中，理解是基础，尊重生感情。师生之间只有和谐一致，才谈得上合作。有了这种合作，学生才能得到充分发展。

学校的全部工作都是围绕培养目标进行的，教师的主导作用实质上是一种服务。在服务的过程中，重要的不是让学生"学到什么"，而是让学生知道"怎样学习"。老师不仅要传授知识与技能，而且要改变学生的行为习惯，对学生产生人格影响。老师为学生服务是全方位的，包括政治信仰的确立、思想意识的养成、道德品行的形成、基础知识的学习、动手能力的培养、心理健康的辅导、体格体魄的锻炼，以及审美意识和劳动观念的引导。老师为学生服务又是具有超前性的，因为今天的教育是做着明天的工作，现在的教育是培养未来的人才。所以老师要预见到未来社会对人才的需求，为他们适应未来打下一定的基础。比如要重视培养他们获取和利用信息的能力、创新思维能力、竞争能力、耐挫折能力等。

关注教师心理健康

教师在良好的心理状态下，智力、情感、意志、个性、能力等都能得到正常发挥，有利于提高工作效率。

校长要关注教师的心理健康，因为教师的心理健康既影响和决定自己工作的成败，又影响和决定学生的健康成长。多数情况下，教师的心理健康水平决定学生的心理健康水平。这是因为教师良好的心理可以营造一个学生成长的良好环境，使学生在和谐、温馨的气氛下愉快成长。教师良好的心理能为学生提供观察和模仿的榜样，这种榜样会影响学生的一生。更重要的是，教师在良好的心理状态下，智力、情感、意志、个性、能力等都能得到正常发挥，有利于提高工作效率。

心理健康，重在心理保健。在诸多保健因素中，善待自己和善待他人是至关重要的两个方面。

如何善待自己？第一，自己要看得起自己。教师工作的本质特征是奉献，正因为有了教师，知识才得以传承，文明才得以发展，社会才得以进步。"教师是太阳底下最光辉的职业"绝非夸大其词，而是事实。有了这种境界，就会自己看得起自己，苦与甜、愁与乐、喜与悲都是享受。第二，学会自我调适。焦虑时，自己给自己撑腰打气，相信自己不比别人差；遇到困难受到挫折时，想一想工作就是解决矛盾，生活就是克服困难，你有你的苦恼，他有他的忧愁，用理智去驾驭情绪，而不能用情绪去驾驭情绪，做一个有理智的人。第三，正确判断自己。既要敢于肯定自己的优势，又能勇敢承认自己的不足。有自知之明是一种美德，有了这一点，就会心胸坦然，自己不和自己生气，自己不给自己添堵。第四，融入社会，构建良好的人际关系。良好的人际关系是保持良好心态的重要因素。在与人交往中，你付出的是理解、信任、尊重与赞赏，你得到的同样是这些可贵的财富，这是心理健康的宝贵营养。第五，不断提高和充实自己。扩展兴趣，加强学习，使自己适应新的环境与需要，这是调整好心态的最好选择。

如何善待他人？第一，相信别人的价值与能力。任何人都有存在的价值，也都有存在的能力。"文人相轻"是一种极其丑陋的恶习，它不应该继续残留在新一代的知识分子身上，"文人相亲"才是现代教师应有的理念。第二，理解和尊重他人。理解和尊重是双向的，你付出的是什么，得到的也必然是什么。这一点很重要，因为每个人的好心情都是别人理解与尊重的结果。第三，宽容他人。谁都有不足、缺点甚至错误，善良的人总是能理解，能宽容。宽容是一种美德、一种胸怀、一种力量。正是有了宽容的品质，人们才协作着从野蛮走向文明。学会宽容，为了目标，用宽容去化解一切。

学生的心理健康要从一年级抓起

抓好学校的心理健康教育工作，就是促进学校教育的发展。

世界卫生组织曾给健康下过如下定义："所谓健康，不仅在于没有疾病，而且在于肉体、精神、社会各方面的正常状态。"很明确，人的健康包括心理健康。中小学生的心理健康虽然没有一个统一的标准，但是有关资料显示，具有以下一些心理品质是公认的，也是必需的：保持愉快的心情，和谐的人际关系，良好的个性和健全的人格，正确的自我认识，既有强烈的自信心，又能找到自己的不足，有明显的时代感，能与社会一起发展。

学校是否重视心理健康教育，如何开展心理健康教育，关键在校长，责任也在校长。校长应该知道，教师和学生中的许多问题，比如人际关系紧张、学校缺乏活力、工作处处被动、学生学习的积极性不高等，相当一部分原因出在心理问题上。心态不好造成的后果是情绪低落，互相猜疑，人心涣散，做事敷衍。所以，抓好学校的心理健康教育工作，就是促进学校教育的发展。凡是聪明的、具有战略眼光的校长必然十分重视师生员工的心理保健工作，确保所有的人都是心情愉快的。

　　心理健康教育必须从一年级抓起是有原因的：第一，学校的各项规章制度和纪律是必须遵守的。学校有各项规章制度和纪律，比如按时上课、按时下课、按时完成作业、上课时不能随心所欲等。对于这些规定在成年人看来是极其平常也应该遵守的。但是对于一年级小学生，特别是刚入学的学生来说却是相当艰难的，因为他们没有受过这些约束，要适应这些约束必须作出相当大的克制与努力。对此，老师要理解，要宽容，要引导，不要用成年人的心态对待孩子，更不能随便训斥、惩罚学生，避免他们产生畏惧感，失去上学的乐趣。第二，他们需要适应新的人际环境。入学前他们虽然也有小朋友，但那是幼儿园期间的朋友，环境是幼儿园和家庭，这些要比入学后的同学关系和环境简单得多。入学后，同学关系是正式的，是社会化了的人际关系，师生之间是平等的，要互相尊重。同学之间既有合作，又有竞争，这种集体式的人际关系需要学生从头体验，慢慢适应。在适应的过程中，同样会出现许多问题，需要我们老师去发现，去解决。第三，开始有了任务，而且这些任务是必须努力完成的。小学生上学的目的和动机非常表面化，这是他们的认识水平决定的。他们上学是觉得好奇，因为小朋友们都上学了，上学可以结识更多小朋友，自豪感激励着他们，新鲜感吸引着他们。但是，随着时间的推移，当他们的新鲜感慢慢减少，特别是当学习兴趣慢慢降低，或者考试成绩不理想时，他们就会变得冷漠，甚至厌恶学校生活，继而出现一系列心理问题。第四，突发事件影响。学生同样会遇到许多突发事件，比如因为犯了错误挨了批评，比如参与文体活动或者竞争性的活动受到挫折，考试分数不理想，课堂答不来老师提出的问题，没有评上模范，班干部落选……学生总归是学生，他们对抗挫折的能力还很低很低，遇到这些事件产生心理波动是正常的，关键在于老师要及早发现，及时引导，避免心理障碍进一步加重。

教师心理影响和决定学生心理

关心理解学生，平等对待学生，会得到学生的感谢与尊重，在这种气氛下，学生是轻松的，愉快的，能够化消极为乐观，由懒散变勤奋。

在教师整体素质中，心理素质占有极其重要的位置。教师的心理状况既影响和决定自己的工作质量，又影响和决定学生的健康成长。在学校教育工作的诸多因素中，教师的心理健康万万不可忽视。

教师良好的心理可以营造一个学生成长的良好环境。教师乐观、活泼、幽默、善于合作，会感染学生，使学生也能保持一个愉悦的心情。反之，如果教师悲观、严酷、冷淡、随意训人，会让学生处于恐惧之中。优秀的教师能够在课堂上营造一种和谐、温馨的气氛，引领学生在轻松愉快的环境下学习。某些教师的教学效果不理想，多数是心理失调，把怨气带进了教室，紧张、恐怖，学生如坐针毡，惶恐不安，难以安心学习。

教师良好的心理有助于调节师生关系。关心理解学生，平等对待学生，会得到学生的感谢与尊重，在这种气氛下，学生是轻松的，愉快的，能够化消极为乐观，由懒散变勤奋。良好的师生关系既有利于老师的教，又有利于学生的学，所以影响着师生关系教学质量。

教师良好的心理会成为学生效仿的对象。老师和气、温柔、善良、上进，会成为学生效仿的榜样；老师简单、粗暴、冷酷、懒散，有的学生也会效仿。许多学生对电影、电视剧、戏剧里正面人物的言行举止可能影响不深，但是对反面人物的一举一动却印象深刻，常常以模仿为乐。由此可见，教师一定要为学生树立一个心理素质好的形象，成为学生效仿的榜样。

教师良好的心理有助于提高工作效率。愉悦的心理状态，会让人的智慧、情感、能力得到正常发挥。相反，如果心理受到伤害，被扭曲，人会处在一个或悲伤、或愤怒、或消沉的状态，这种状态必然影响工作。所以教师要加强修养，尽量保持良好的心态，经常提醒自己要镇静。为了学生，也为了自己，精神要振作，兴趣要广泛，情绪要稳定，做事要公平，这既是自己作为一名教师应有的修养，也是提高工作效率必备的条件。

图书在版编目（CIP）数据

给校长的建议 / 陈茂林著. -- 太原 : 山西教育出版社, 2023.9
（爱的驿站）
ISBN 978-7-5703-3567-1

Ⅰ.①给… Ⅱ.①陈… Ⅲ.①校长—学校管理—文集 Ⅳ.①G471.2-53

中国国家版本馆CIP数据核字(2023)第169081号

给校长的建议
GEI XIAOZHANG DE JIANYI

责任编辑　樊丽娜
复　　审　刘继安
终　　审　刘晓露
装帧设计　陈　晓
印装监制　蔡　洁

出版发行　山西出版传媒集团·山西教育出版社
　　　　　（太原市水西门街馒头巷7号　电话：0351-4729801　邮编：030002）
印　　装　山西人民印刷有限责任公司
开　　本　890×1240　1/32
印　　张　9
字　　数　180千字
版　　次　2023年9月第1版　2023年9月山西第1次印刷
书　　号　ISBN 978-7-5703-3567-1
定　　价　45.00元